# 社会科重要資料の指導法
## 5年生 30選

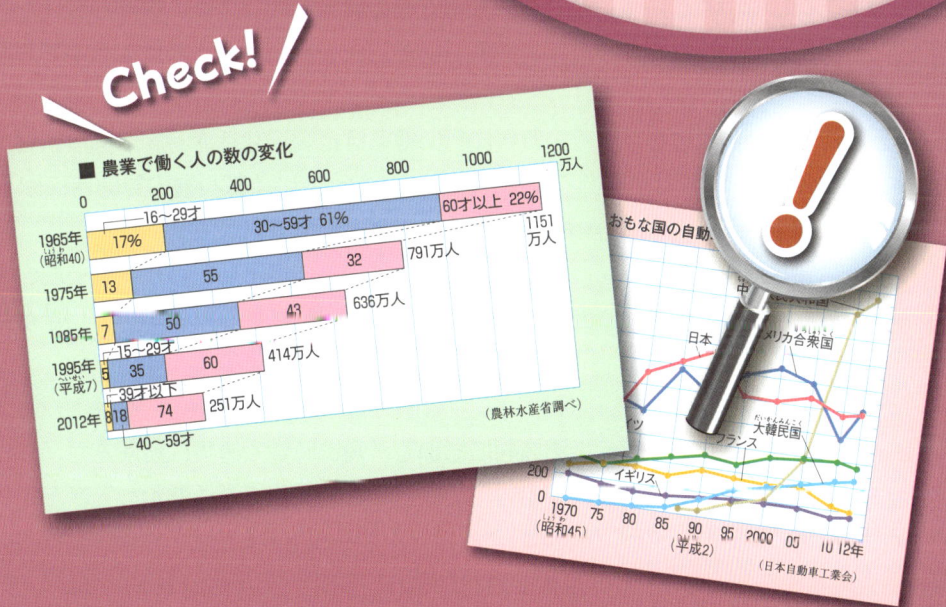

監 修：東北大学大学院情報科学研究科 教授　堀田龍也
編 著：札幌市立幌西小学校 校長　　　　　新保元康
　　　 奥州市立常盤小学校 副校長　　　　佐藤正寿

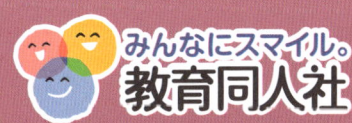

## はじめに　監修者から

# 資料を確実に「読解」させたいと願う読者のみなさんへ

東北大学大学院情報科学研究科 教授　堀田 龍也

　小学校高学年の社会科では、たくさんの資料を取り扱うようになります。それらの資料の多くは、5年生であれば統計データをもとにしたグラフ類がもっとも多く、手順や流れなどを示した図や、地図と組み合わせた生産高などの数値が書かれた資料などがあります。6年生であれば年表や当時の様子を示した古い絵画や風刺画、機構の概念図など、一段と多様になります。

　これらの資料の「読解」ができなければ、肝心な学習内容に深く迫ることはできません。読者のみなさんの教室やご家庭の子どもたちは、これらの資料の「読解」ができているでしょうか。

　我が国の小学校社会科で取り扱う内容は、低学年の頃の生活科での自分や家庭、学校に関する学習を土台とし、中学年になって身近な地域、市町村、都道府県、国へと範囲が拡大し、高学年ともなれば目では見えない産業の概念、体験できない歴史の概念、行政や政治、諸外国との貿易や国際協力などに及びます。このようなカリキュラム構成は「同心円的拡大」という原理によるもので伝統的なものです。しかし子どもたちの生活圏の現実を考えると、高学年の学習は体験の代わりに資料の読解によって理解するということが必然となります。

　小学校高学年で取り扱う資料は、そもそも体験と遠い位置にあり社会的背景が理解できていないと読解できない資料も多くあります。つまり、資料の読解を子どもたちの自力に任せ、すべての子どもたちがしっかり読解できると考えるのは現実離れしているということです。教室である資料を取り上げ、教師が説明したり、あるいは観点を示して部分的に分析させたりし、わかったことや気づいたことを発表させて整理する中で読解に至るという過程が必要です。

　しかしながら、このようなことをすべての資料に行い得るほど潤沢な指導時間はありません。社会科の指導時数は現在でもかなりタイトです。1単位時間で指導することになっている教科書の見開きには、資料が7、8点あったりします。1つ1つの資料をていねいに理解させることは無理な話です。

　ということは、重要な資料に絞って、どの児童にもわかるように提示したりしながらも、その読解の過程を体験させるような入念な資料読解の指導と、教師が資料についてある程度さっと説明してしまう指導とに、割り切って区別する必要があるということです。

　本書は、小学校高学年の資料の読解の指導場面において、短い時間で確実に読解させ、かつ社会科の本質に迫る思考を導くことを目指して企画されました。そのために、社会科教育に深く関わってきた新保元康氏と佐藤正寿氏を編著者に迎えました。第1章は、彼らが長年培ってきた小学校高学年の社会科指導の原則を執筆したものです。

　次に、教科書や資料集に多く見られる典型的な資料から、彼らの目で5年生分を30点選定しました。各資料に対し、その資料を読解するポイントを編著者の2人が教師向けに書きました。その上で、当該の資料を授業で読解される場合の具体的な展開例を示しました。この執筆は、社会科教育に関わってきた中堅からベテランの教員10名が担当しました。これが第2章です。

　第3章には、近年、普通教室に大型テレビや実物投影機、ノートパソコンなどの提示系ICTが広く導入されている現状を踏まえ、教師が資料をICTで映して教える場合のノウハウについて、ICT活用分野の有力な実践研究者である高橋純氏に整理してもらいました。

　本書で取り上げた資料は、株式会社教育同人社発行の『社会科資料集5年』に掲載されている資料から厳選しました。これには理由があります。

　社会科資料のうち、個々の図版・写真等には当然ながら版権・著作権があります。それぞれの版権者・著作権者に権利がありますから、簡単に転載することができません。正式な手続きに長い時間と相応の費用を支払えば可能となりますが、その分、本書の価格に上乗せされることとなり、出版も遅延します。

一方、多くの教師が期待するのは教科書に掲載されている資料そのものだと思いますが、これらの資料にも上記のような権利者がいるか、そうでない資料は教科書会社の著作物です。教科書会社の多くはデジタル教科書を開発し販売していますので、著作物は自社利用が原則となります。

教科書の採択は広域で行われます。その上でデジタル教科書まで導入されるかは各自治体の予算規模などに影響されます。デジタル教科書の市場価格は1教科1学年あたりおおむね6〜8万円です。この金額で仮にある学年に購入してもらえる地域はまだあまり多くありません。単級の学校も増えている中、なかなか羽振りの良いICT整備はできないという現実があります。

このような背景の中、私は、児童向けの資料集を制作し副教材として学校向けに販売している教材会社である株式会社教育同人社に協力を依頼しました。同社の森達也社長は私の考えに共感してくれ、協力のご快諾をいただきました。もちろん、資料集にも他者が権利者である資料はたくさんあります。そこで、教育同人社が版権を持つ資料に絞った上で、編著者の2人によって30点を厳選したのです。その際、小学校学習指導要領にもとづき、5年生の社会科で学ぶ農業・畜産および水産業などの食料生産、工業生産、輸出・輸入などの貿易を中心に、国土・情報・環境などの資料も加えました。

さらに私は、デジタル教材を広く開発しているIT企業であるチエル株式会社に協力を依頼しました。同社の川居睦社長もまた大いに共感してくれ、本書に掲載されている30点の資料をさまざまな手順で提示できるような提示用デジタル教材の共同開発をご快諾いただきました。その結果、『小学校の見せて教える社会科5年生』という一斉授業を前提とした提示用デジタル教材が完成しました。このデジタル教材では、資料を部分的に表示することができます。たとえば、国別の変化のグラフを、ある国のグラフだけ提示したり、ある年代までの提示で止めて変化を予想させたりすることができます。資料集のある資料を実物投影機で大きく映すことと比べれば、資料の性質に応じた部分提示が可能となるのです。しかもデジタル教科書よりはるかに安価に、教師個人での利用は4,900円という価格での販売を実現してくれました。

このように、社会科教育に卓越した教師たち、ICT活用の実践研究者、教材会社、そしてデジタル教材開発企業の異業種コラボレーションによって、本書が完成したのです。

30点に厳選するという作業は難航しました。なぜなら教科書や資料集に掲載されている資料ならば、いずれも大切なものだからです。かといって100選にしてしまったら、社会科が得意な少数の教師なら喜ぶでしょうが、社会科はあまり得意ではないという教師たちや、近年増加している若手教師たちの指導力を考えると、結局はどれを中心資料にすればいいかを惑わすことになってしまいます。

すなわち本書は、社会科の指導があまり得意ではないという教師たちをメインターゲットにしています。どれも大切な資料の中から、タイトな授業時数と児童の実態を考え合わせ、この30点の資料をしっかりと指導すれば、資料に対する読解力を身に付けさせることができ、資料をもとに社会事象を深く検討するような授業につながりますよということを主張しています。このような授業の実現を支援するのが、先に紹介した『小学校の見せて教える社会科5年生』という提示用デジタル教材です。本書の読者のみなさんには、ぜひこの教材の併用をお勧めします。

学校教育法第30条には、「基礎的な知識及び技能を習得させるとともに、これらを活用して課題を解決するために必要な思考力、判断力、表現力その他の能力をはぐくみ」とあります。これが今期の学習指導要領の基調です。重視されている思考力、判断力、表現力は、習得させた基礎的な知識及び技能を活用させて育むと書いてあるのです。まずは基礎的な知識及び技能をしっかり身に付け、それを活用する学習活動をして、より高次な学力も身に付けていくという二段構えの学習こそが「生涯にわたり学習する基盤が培われる」ための学習なのです。

基礎的な学力の必要性は何も変わっていません。私たちは、限られた時間の中でより確実にこれを身に付けさせなければなりません。知識や技能を活用する学習活動の時間を十分に確保するための指導内容の厳選と指導方法の効率化。私たちが本書を書いた大きな思想はここにあります。

本書が読者のみなさまのお役に立てることを願っています。

# 社会科の達人が推薦する 社会科重要資料の指導法 30選 5年生

## はじめに

資料を確実に「読解」させたいと願う読者のみなさんへ
　　　　　　　堀田龍也　東北大学大学院情報科学研究科　教授 …………… p2

目　次 ……………………………………………………………………………… p4

## 第1章　5年生社会科の指導のポイント

1. 5年生社会科の難しさ ………………………………………………………… p6
2. 5年生社会科の学習内容 ……………………………………………………… p8
3. 5年生の資料の読み取りで身に付ける力 …………………………………… p10
4. 読み取る方法を具体的に教える ……………………………………………… p12

## 第2章　社会科重要資料の指導法 30選

● 資料の見方 …………………………………………………………………… p14
　デジタル教材「小学校の見せて教える社会科資料」

### 農業

① 米作りの作業別労働時間の変化（10アールあたり）…… 資料集「4耕地の整備と機械化」……… p16
② 米の生産量と消費量、古米の在庫量の変化 ………… 資料集「6米づくり農家の問題」……… p18
③ 農業で働く人の数の変化 ………………………… 資料集「6米づくり農家の問題」……… p20
④ おもな野菜の生産量の変化 ……………………… 資料集「7野菜づくりのさかんな地域」…… p22
⑤ おもなくだものの生産量の変化 ………………… 資料集「8くだものづくりのさかんな地域」… p24
⑥ 日本のおもな食料の自給率の変化 ……………… 資料集「14日本の食料生産の問題」……… p26
⑦ おもな国の食料の自給率の変化 ………………… 資料集「14日本の食料生産の問題」……… p28

### 畜産

⑧ おもな家畜の飼育数の変化（乳牛・肉牛・ぶた）……… 資料集「9畜産のさかんな地域」……… p30
⑨ おもな家畜の飼育数の変化（にわとり）………… 資料集「9畜産のさかんな地域」……… p32
⑩ 牛肉の生産量・消費量と輸入量の変化 ………… 資料集「9畜産のさかんな地域」……… p34

### 水産業

⑪ 漁業別生産量の変化 ……………………………… 資料集「11とる漁業のようす」……… p36
⑫ 日本の漁業の生産量・消費量と輸入量の変化 … 資料集「11とる漁業のようす」……… p38
⑬ 水産業で働く人の数の変化（年れい別）……… 資料集「11とる漁業のようす」……… p40

※ 資料集 は「社会科資料集5年」（教育同人社）の章名です。

### 工業生産

- ⑭ 家庭で使う工業製品のふきゅう率の変化 …… 資料集「1 くらしの中の工業生産」…… p42
- ⑮ 日本の工業生産額の変化 …… 資料集「1 くらしの中の工業生産」…… p44
- ⑯ おもな国の自動車生産台数の変化 …… 資料集「3 日本の自動車工業」…… p46
- ⑰ 日本の自動車の生産台数と輸出台数 …… 資料集「3 日本の自動車工業」…… p48
- ⑱ 工業地帯・地域別生産額のわりあいの変化 …… 資料集「6 工業のさかんな地域」…… p50
- ⑲ 工業の種類別の生産額のわりあいの変化 …… 資料集「6 工業のさかんな地域」…… p52
- ⑳ 工場のきぼ別の工場数・働く人の数・生産額 …… 資料集「7 工場で働く人々」…… p54

### 輸出・輸入

- ㉑ 日本の輸出品の変化 …… 資料集「10 工業生産と貿易」…… p56
- ㉒ 日本の輸出品目別のおもな相手国 …… 資料集「10 工業生産と貿易」…… p58
- ㉓ 日本の輸入品の変化 …… 資料集「10 工業生産と貿易」…… p60
- ㉔ 日本の輸入品目別のおもな相手国 …… 資料集「10 工業生産と貿易」…… p62

### 国土・情報・環境

- ㉕ 那覇市の平均気温と降水量 …… 資料集「5 あたたかい土地のくらし」…… p64
- ㉖ インターネットのふきゅう率の変化 …… 資料集「1 くらしの中の情報」…… p66
- ㉗ おもな国の新聞発行部数 …… 資料集「1 くらしの中の情報」…… p68
- ㉘ 日本の新聞発行部数の変化 …… 資料集「1 くらしの中の情報」…… p70
- ㉙ 国産材と輸入材の消費量の変化 …… 資料集「1 森林のはたらき」…… p72
- ㉚ 林業で働く人の数の変化 …… 資料集「1 森林のはたらき」…… p74

## 第3章　ICTを活用した資料提示のコツ …… p76

1. 授業でのICT活用は資料の拡大提示から
2. 資料を拡大提示する際の3つのポイント
3. 資料の拡大提示の考え方

監修者・編著者紹介、執筆協力者 …… p80

# 第1章　5年生社会科の指導のポイント

## 1◆5年生社会科の難しさ

「社会科は、子どもに人気のない教科である」と言われて久しい。

ベネッセ教育総合研究所による学習基本調査報告書によれば、第1回調査（1990年）、第2回調査（1996年）、第3回調査（2001年）第4回調査（2006年）のすべてで「好きな教科」の最下位が社会科であったという。「暗記ばかりさせられる」「調べてばかりで、結局何を学んだのかわからない」という子どもたちの声が聞こえてきそうである。

教師にとっても社会科は難しい教科である。「そもそもどうやって教えてよいのかわからない」「教材研究と準備に時間がかかりすぎる」という話をしばしば耳にする。

特に、「5年生の社会科は難しい」という声をよく聞く。

どこにその難しさがあるのだろうか。子どもたちの困りや教師の悩みを少し掘り下げて検討してみたい。

### （1）資料が一番多い5年生社会科（量的な困難）

5年生社会科で扱う資料の量は、他の学年と比べて多いのだろうか。社会科の教科書（教育出版H27年用）に掲載される資料の数を調べてみた。その結果が、右の表である。

これによると、5年生は写真、図、地図、表、年表、グラフが合計747個と極めて多いことがわかった。これは、3・4年生（上）の2倍以上であり、6年生（上下）よりも多いのである。

これは、1つの教科書を例にした調査に過ぎないが、5年生社会科の授業傾向をよく示していると思われる。

年間100時間の授業で、教科書だけでも747個の資料を扱うのである。平均で1時間に7個以上ということになる。

子どもの主体性を活かす授業は重要であるが、子どもに任せっきりにしていては、これだけの量の資料を消化することはほぼ不可能だろう。

こうした写真や図、グラフなどの資料は、本来文章を補いわかりやすくするための重要な手立ての1つである。しかし、資料を読み解く力が不十分なまま、これだけたくさんの資料に触れさせられると、子どもたちは理解ができず、ますます社会科嫌いになってしまうのではないだろうか。

教師は責任をもって、子どもたちを楽しくわかりやすく教え導く必要がある。

たとえば、代表的な資料はICTを活用し効率的に拡大して示し、その読解の仕方を全員に丁寧に教える必要がある。さらに、そこで習得した読解方法を子どもに繰り返し使わせて習熟させることも重要である。そうすることで、効率的に資料を読み解く力を向上させることができる。

また、どの資料も同じ重み付けで教えたり考えさせたりするのではなく、取捨選択して考えさせたり、教師が簡単に教えてしまうことも重要だろう。そうしたメリハリをつけた取り扱いをしないと、とても45分間の授業で学力を高めることはできない。

教科書に掲載される資料数
「小学社会」（教育出版 H27年用）の場合

|  | 3・4年（上） | 3・4年（下） | 5年（上下） | 6年（上下） |
|---|---|---|---|---|
| 写真 | 239 | 316 | 491 | 367 |
| 図 | 14 | 60 | 64 | 67 |
| 昔の絵 | 0 | 5 | 0 | 95 |
| 地図 | 45 | 47 | 78 | 52 |
| 表 | 8 | 10 | 21 | 3 |
| 年表 | 1 | 4 | 3 | 25 |
| グラフ | 0 | 23 | 90 | 38 |
| 合計 | 307 | 465 | 747 | 647 |
| 年間時数 | 70 | 90 | 100 | 105 |
| ページ数 | 135 | 162 | 232 | 232 |

## （2）グラフの扱いが5年生社会科の課題

上記の資料の中でも、最も読み解く力を求められるのがグラフなどの統計資料である。
5年生社会科では、そうした難しい統計資料がどのように扱われているのだろうか。
小学校学習指導要領の社会能力に関する目標には、次のように書かれている。（下線と①②は筆者）

> ①社会的事象を具体的に調査するとともに，②地図や地球儀，統計などの各種の基礎的資料を効果的に活用し，社会的事象の意味について考える力，調べたことや考えたことを表現する力を育てるようにする。

①②の下線部分を3・4年生、6年生の目標と比較すると、5年生の特徴が明らかになる。
①＿＿＿に関して、3・4年生には「社会的事象を観察」とあるが、5年生にはない。5年生の学習対象が「我が国の国土や産業」となっていることから、直接観察できない学習が多いことを前提としていることがわかる。
②＿＿＿に関して、「統計」という言葉が入るのは5年生だけである。この部分、3・4年生は「地図や各種の具体的資料」、6年生は「地図や地球儀、年表などの各種の基礎的資料」となる。6年生の目標に「統計」という言葉は出てこない。

つまり、小学校の5年生社会科の大きな特徴は、「統計」を効果的に使い、「我が国の国土や産業」について学ぶということになる。

前ページの調査をもとに、統計データをもとにしたグラフ資料が教科書でどの程度使われているかを、右のように整理した。これによれば、5年生でのグラフの掲載が圧倒的に多いことが一目瞭然である。

グラフは、3・4年（上）の教科書（3年生で使われることが多い）には全く掲載されていない。3・4年（下）の教科書（4年生で使われることが多い）では、23個使われている。そのいずれも棒グラフである。これが5年生になると、一気に90個へと増える。約4倍である。しかも、棒グラフだけでなく、円グラフ、折れ線グラフ、さらには帯グラフに雨温図と非常に幅広くなる。6年生では、グラフが使われる数はぐっと減少し、38個しかない。つまり、5年生は、小学校の社会科の中でも突出してグラフを扱うことが多い学年であることがわかる。

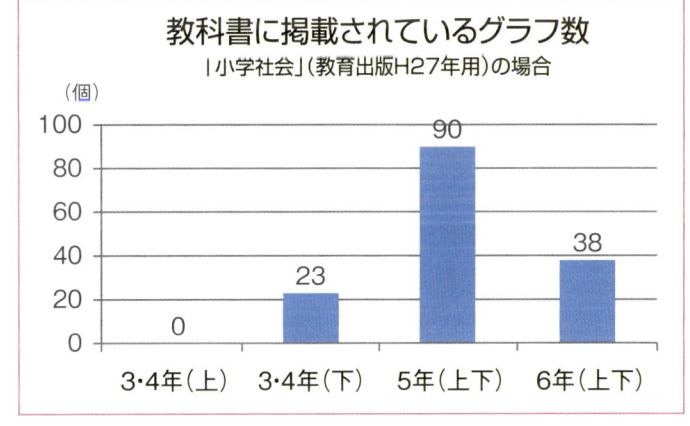

以上を整理すると、5年生社会科の困難さを次のようにまとめることができるだろう。
第一に、量的な困難さである。5年生では、たくさんの資料を使った授業が想定されている。写真、図、地図、表、年表、グラフという多様な資料を読解し相互の関連を考えながら、国土と産業を学ぶのである。限られた時間でこれを実施するのは大変なことである。
第二に、質的な困難さである。上記の資料の中でも、5年生に突出して多く扱われるのが抽象度の高い各種のグラフである。読解の難度が高いグラフを活用し、文章と結びつけて学習することができなければ、学習内容を十分に理解することは難しい。
このような困難を克服するには、日々の授業で、教師が資料に軽重をつけた指導を行い、丁寧に読解力を養成することが必須だ。ICTを活用して、代表的なグラフの読み取り方を丁寧に指導することが大切である。『小学校の見せて教える社会科5年生』はこうした指導にぴったりのツールである。

# 第1章　5年生社会科の指導のポイント

## 2 ◆ 5年生社会科の学習内容

### （1）他学年との違いからみる5年生の学習内容

「小学校学習指導要領解説社会編」によれば、5年生社会科の学習内容は次のように示されている。

> 2　第5学年の内容
> 　第5学年の内容は，我が国の国土や産業にかかわって、次の四つの項目から構成されている。
> 　ア　我が国の国土の様子と国民生活との関連
> 　イ　我が国の農業や水産業（食料生産）の様子と国民生活との関連
> 　ウ　我が国の工業の様子と国民生活との関連
> 　エ　我が国の情報産業などの様子と国民生活との関連

この5年生の学習内容は、他学年とどのような違いがあるのだろうか。
具体的な内容を含め、ごく簡単にまとめると次のようになるだろう。

> 3・4年生：地域社会の社会的事象
> 　　　　　（例.土地利用、地域の生産販売、上下水道、電気、廃棄物、消防、昔から伝わる道具、地域の
> 　　　　　　年中行事、開拓、県の地形や産業…）
> 5年生　：我が国の国土や産業
> 　　　　　（例.世界の主な大陸・海洋・国、自然条件から見た特色ある地域、公害、災害の防止、食料生
> 　　　　　　産、工業生産、貿易、情報産業、情報化社会…）
> 6年生　：我が国の歴史、政治及び国際理解
> 　　　　　（例.縄文時代、弥生時代〜近現代、地方や国の政治、憲法、我が国とつながりの深い国の生活、
> 　　　　　　世界の中での日本の役割…）

小学校社会科の学習内容は、3・4年生、5年生、6年生で本当に大きく異なることがわかる。段階を踏んで系統的に繋がり積み重なっていく算数などと違い、あたかも別の教科にも見えるほど内容が変わっていくのである。
教師は、ICTなどを効果的に活用し、このギャップを埋めていく必要がある。

### （2）学習内容のギャップを埋める教師の配慮

学年の違いによる学習内容のギャップをもう少し掘り下げ、教師が指導上配慮すべき事柄を明らかにしたい。

> 1）3・4年生と違い、5年生では実際に体験したり観察したりできる学習が少ない。
> 　　体験や観察を補う指導上の配慮が求められる。

たとえば、北海道の子どもたちが自動車工場の見学をすることは事実上不可能である。また、東京の子どもたちが、水産業の実態を間近に見ることは難しいだろう。
こうした体験不足を補うために、教師は、動画や写真などを効果的に使って授業を進める必要がある。
現在、ネット上には、子ども向けの様々な学習用ホームページや動画資料が用意され、簡単に利用できるようになっている。年間を通じた稲作の様子や、海上での実際の漁業の様子、工場で自動車を組み立てる様子、大規

模な酪農の様子などがわかりやすい解説付きで、容易に見られるのである。
　こうした動画などの資料は非常にわかりやすいが、たとえばパソコン教室で子どもたちに個別に見せただけでは理解を深めることは難しいだろう。個別の調べ学習に加えて、できれば大型の提示装置で一斉に子どもたちに見せ、教師と子どもがやりとりしながら理解を深めていくことが重要である。

> 2）子どもたちが日常的には意識することが少ない我が国の産業の特色などを理解させるには、グラフや図表などを効果的に活用する必要がある。

　5年生では、我が国の農業に携わる人たちは年々高齢化していることや、農作物の輸入が年々増えていることなど、広く我が国の産業の様子を概観的に学ぶことが多い。これは、3・4年生が、身近で具体的な学習であったのと比べると大きな違いとなる。
　日頃から意識できる身近な学習内容ではなく、広く国土や産業の特色を概観する学習を成立させるのは、教科書や資料集のグラフや地図、図表などを活用することが求められる。5年生でグラフなどの資料が大幅に増えるのは、こうした学習内容に対応するためである。
　また、国土や産業の幅広い学習は、5年生の発達段階に合わせて設定されている。しかし、3・4年生の身近な学習内容とのギャップは非常に大きく、理解に困難を感じる子どもも多いので、十分な配慮が必要である。
　たとえば、前述の動画などの資料と同じように、個別の調べ学習で済ませる授業を時折見かけることがある。子どもたちが調べた内容をそのままコピーして貼り付けるだけで学習を終えることもある。
　これでは、学習内容を十分理解することは難しい。どこに着目し、どう読み解けばよいのか教師が丁寧に指導することが求められる。

> 3）グラフや図表の裏側に隠れる人の営みに気付かせるような教師の関わりが求められる。

　5年生の社会科に苦手意識をもった子どもが、6年生になると社会科好きになるというケースを何度か経験してきた。
　6年生の歴史学習には物語性がある。人物中心の学習が行われるため、子どもにとって、感情移入しやすい内容が多い。歴史マンガや歴史を題材にしたドラマも多く、子どもたちは日常的に歴史に触れながら生活しているといっても良さそうである。そのため、6年生の学習には興味を覚える子どもが多いのだろう。
　これに比べると、5年生の学習内容は、子どもの生活からより遠いものが多く、実感を伴って学習することが難しい内容が多い。
　5年生では、グラフや図表などを扱って学ぶことが多いが、教師はそのグラフなどの裏側に見える人の営みに目を向けるような授業構成を行う必要がある。数字の裏側に見えてくる人間模様を子どもたちに伝えるのである。

## （3）『小学校の見せて教える社会科5年生』で、社会科の面白さを実感させる

　本来、5年生の社会科は、子どもたちにとってワクワクするものであるはずだ。子どもたちは、学習によって、言わば虫の目から鳥の目を手に入れ、自分たちの国を俯瞰することができるようになるのである。
　これまで見てきたような困難を克服するためのツールとして、『小学校の見せて教える社会科5年生』がある。難しいグラフをわかりやすく見せる優れた機能を大いに利用したいものである。そして、子どもたちに本来の5年社会科の面白さを実感させたい。

# 第1章　5年生社会科の指導のポイント

## 3 ◆ 5年生の資料の読み取りで身に付ける力

### （1）基礎的資料を活用して身に付ける力

　4年生だった子どもたちが5年生に進級し、社会科の教科書を眺める。子どもたちは、統計資料が多くなっていることに気付く。地域の具体的な写真や絵図が資料の中心だった4年生と異なり、5年生では写真や地図の他にグラフを中心とした統計資料の割合が多くなる。

　これは小学校学習指導要領にある学年の目標に明示されている。第3学年及び第4学年の目標(3)に「地図や各種の具体的資料を効果的に活用し」とあるのに対して、第5学年での目標(3)は「地図や地球儀、統計などの各種の基礎的資料を効果的に活用し」とある。具体的資料から基礎的資料に変わるのが5年生であり、統計に基づいたグラフの資料も一気に増えるのである。

　さらに「小学校学習指導要領解説社会編」には資料活用の具体的な例が次のように示されている（資料の読み取りに関わるもの）。

> ・資料から必要な情報を読み取る。
> ・資料に示されている事柄の全体的な傾向をとらえる。
> ・複数の資料を関連付けて読み取る。

　つまり、基礎的資料を活用してこれらができるようになることが、5年生での資料の読み取りで身に付けるべき力であるといえる。これは本書で扱う中心であるグラフ資料の場合も同様である。

### （2）読み取るための前提となる知識

　グラフ資料を読み取る場合には、そのための前提となる次のような知識が5年生では必要である。

**1）グラフの種類とその特徴についての簡単な知識**

　いくつかあるグラフの種類のうち、5年生の社会科で扱うのは主に「棒グラフ」「折れ線グラフ」「円グラフ」「帯グラフ」である。まずは、何のグラフかわかることが第一である。

　次にそれぞれのグラフが、種類に応じてどのような特徴があるのか理解できていることが大切である。先の例であれば、次のようなことがいえる。

> ・棒グラフ…棒の高さで、量の大小が比較できる。
> ・折れ線グラフ…量の増減について、変化の推移を見ることができる。
> ・円グラフ…全体の中での構成比を面積で視覚的に見ることができる。
> ・帯グラフ…全体の中での構成比を比較することができる。

　これらの特徴は算数で学習することであるが、社会科のグラフの読み取りをする際の基本的な視点となるものである。「棒グラフは高さで比べられる」「折れ線グラフは変化がわかる」というように、簡単でいいので知識をもたせたい。

**2）グラフの基本的な構成要素についての知識**

　どのようなグラフにも共通する構成要素がある。「題名」「出典」「縦軸・横軸の単位（棒グラフ・折れ線グラフ）」「割合（帯グラフ・円グラフ）」である。これらの要素について知っていることも、グラフを読み取るための前提となる知識である。

## （3）グラフの読み取りで身に付ける力・その1　～基礎的な情報を読み取る力～

グラフの読み取りでの基本は、「基礎的な情報を正しく読み取る」ことである。

「何についてのグラフか」「出典は何か」「縦軸・横軸は何を表しているか」といったグラフの基本的な情報を、まずは正しく読み取らせる。4年生で指導はしていても、改めて5年生初期段階では1項目ずつ確認していく指導が必要であろう。

また、右の「那覇市の平均気温と降水量」のグラフであれば、「沖縄県の1月の平均気温は約17～18℃である」「沖縄県の1月の平均降水量は約100mmである」というように、一定の条件でのデータについていえることも、正しく読み取ることになる。

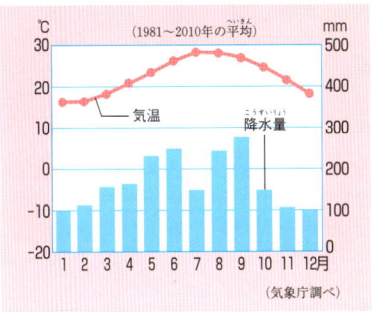
【那覇市の平均気温と降水量】

## （4）グラフの読み取りで身に付ける力・その2　～全体的な傾向を読み取る力～

全体的な傾向を読み取る場合の基本は、「変化の傾向」である。

折れ線グラフであれば全体の変化はとらえやすい。「だんだん増えている」「だんだん減っている」「急に増えている」「急に減っている」「変わらない」「○年までは増えて、その後は一気に減っている」といったような表現で、全体的な傾向をとらえることができる。

1つの資料から、複数の全体的な傾向を読み取ることができる場合もある。たとえば、右の「農業で働く人の数の変化」のグラフでは、次のような傾向をつかむことができる。

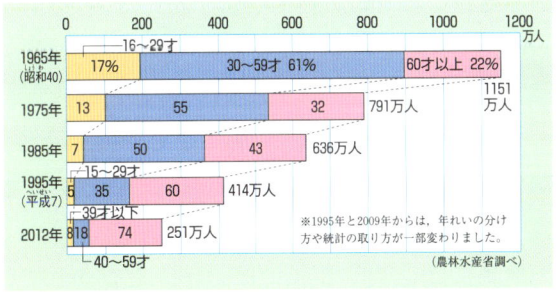
【農業で働く人の数の変化】

○農業で働く人の数は、全体的に減少傾向である。
○16～29才と30～59才の層は減り続けている。特に30～59才は激減している。
○60才以上の実数はそれほど変化は見られないが、全体に占める割合は高くなっている。

これらは「全体の農業人口の変化」「各層の帯の長さ」「割合」というように、それぞれ違う視点から見ていくことで、傾向をつかむことができる。

## （5）グラフの読み取りで身に付ける力・その3　～複数の資料を関連付けて読み取る力～

「複数の資料を関連付けて読み取る」ことは、資料の重要性が増す5年生の学習で大切なことである。左のように、1つの資料の中に2種類のグラフが入っている複合グラフは、その力を身に付けることにふさわしい。この場合には、牛肉の消費量と国内生産量および輸入量を比較することでその関連性が明らかになる。

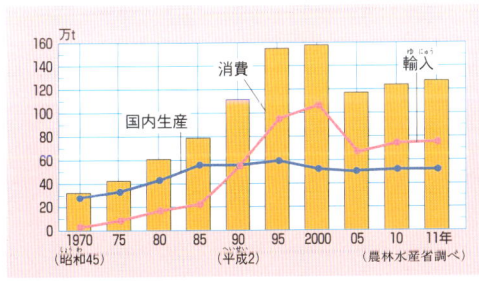
【牛肉の生産量・消費量と輸入量の変化】

○消費量と輸入量が似たような変化をしている。消費量と輸入量は関係があるのではないか。
○消費量が変化しているのに国内生産は1985年からほぼ一定している。安定供給といえる。

このような読み取りをすることができれば、関連付けた読み取りができているといえる。

# 第1章　5年生社会科の指導のポイント

## 4 ◆ 読み取る方法を具体的に教える

　先のようなグラフを読み取る力を育てるためには、子どもたちに読み取る技能を具体的に教えなければいけない。技能を身に付ければ、子どもたちはグラフを読み取る面白さを感じることができる。ここでは、1つのグラフ資料（「米の生産量と消費量、古米の在庫量の変化」）の例をもとに、読み取る方法を紹介する。

### （1）基礎項目の確認をより具体的に

　グラフを提示後、まずは「題名」「出典」「縦軸・横軸」といった基礎項目をテンポよく問う。「題名は？」「出典は？」「縦軸には何がある？」と次々に聞いていくのである。

　注意しなければいけないのは、それらを形式的に扱わないことである。それらについて子どもたちが反応したからといって、しっかりと理解しているとは限らない。

　そこで、題を確認したあとに、「生産量とは？」「消費量とは？」と言葉の定義を確認する。

　また、題名に「変化」とあることや折れ線グラフの特徴から、「どのように変わっているか見ていくもの」とグラフが出される意義まで触れると、子どもたちは「変化に着目すればよい」ということがわかる。

　横軸には「年」、縦軸には「万t」と書かれている。「万t」といっても子どもたちは実感が伴わない。今の日本人が1人平均年間で約100kgを消費すると、約1270万tになる。そのようなことを教えるだけで、量感も変化してくる。

　正しい読み取りのためには、このような基礎項目の確認は不可欠である。ただし、技能が定着しているのであれば、このような基礎項目の確認は不必要である。むしろ、そうなるように子どもたちを鍛えるようにしたい。

### （2）全体の傾向を正しい情報をもとにつかむ

　変化を表しているグラフの読み取りで大事なのは、全体の傾向をつかむことである。

　先の資料では2つのグラフが同時に提示されている。同時に読み取るのは難しいが、1つのグラフであれば簡単である。

　まずは消費量の変化だけを提示する（グラフ1）。「消費量は減り続けている」というように変化を確認できる。「どれだけ減っているか」とさらに問い、1970年と2011年の数値を正しく読み取らせる。その情報から減っている数量も計算できる。必要な情報だけを提示し、焦点化させる良さである。同様に生産量の変化のみ提示する。変化が上下して激しいものの、消費量と同じようにおおよそ減っていることがわかる。

　2つのグラフを別々に読み取りをさせた上で、読み取ったことの関係付けを図る。「生産量も消費量も減っている」「どちらも減り方は似ている」という全体の傾向の共通点を子どもたちは見出すことができるであろう。

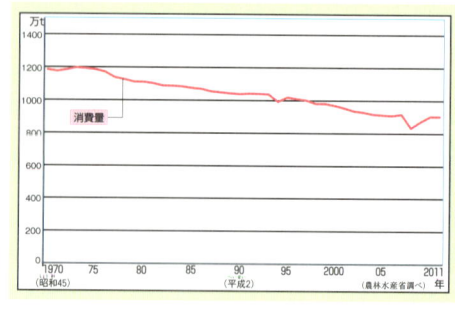
【グラフ1】

12

## （3）違うデータから関連付けを行い、解釈をさせる

　違うデータを関連付けすることは、社会事象について深く検討させる点で重要である。

　この資料の場合、まずは米の生産量と消費量の折れ線グラフを関連付けたい。先に1つずつ読み取りをさせたが、今度は2つのグラフを重ねて気付いた点を発表させていく（グラフ2）。

【グラフ2】

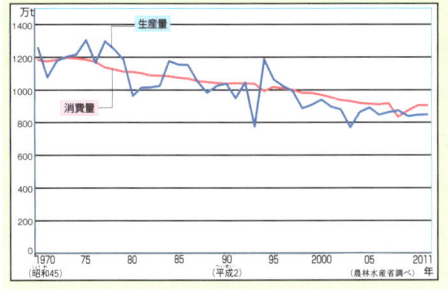

○生産量が消費量を上回ったり、下回ったりしている。
○1998年頃からは、消費量が上回っている。

【グラフ3】

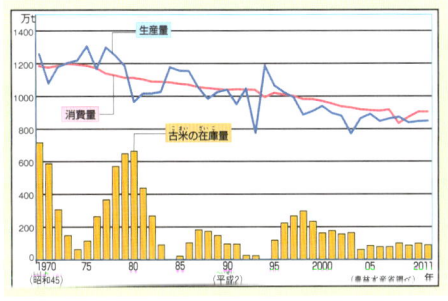

　このような気付きは2つを比較しているからこそ、できるものである。生産量はその年の気候条件などにより、大きく変化する可能性があることを子どもたちも理解する。また、1998年以降に何らかの変化があることにも気付く。

　さらに2つのグラフに古米の在庫量の変化の棒グラフを提示する（グラフ3）。ここでは特に、生産量との関わりを考えさせる。

○生産量が消費量を上回った次の年は古米が増える。米が余るからではないか。
○冷害などで不作時には減っている。古米を使うからではないか。特に93年の冷害の翌年はほとんどなくなっている。
○2005年からの古米の在庫量はほぼ一定であり、生産量もあまり変化していない。何か取り組みをしているのだろうか。

　関連付けをさせると、このように「米が余るからではないか」「古米を使うからではないか」といった解釈がしやすくなる。また、「何か取り組みをしているのだろうか」といった疑問も出てくる。事実の理解だけではなく、このような解釈や疑問を読み取りに加えていくことで、学習が深まっていく。

## （4）思考を促す発問を組み入れる

　このような「基礎的な正しい読み取り」「全体の傾向」「関連付け」ができれば、単元の目標に応じた資料活用の力が身に付いていることになる。さらに、子どもたちに次のような思考を促す発問を組み入れることで、社会的なものの見方を高めることができる。

・「日本の人口は増えてきたのに、なぜ米の消費量は減ってきたのか」
・「米が余るとどのような問題があるだろうか」
・「稲の作付面積を減らして、何に使っているのか」

　食生活の多様化が背景にあること、国が計画的な生産調整による転作を進めてきたこと、農家が現実に抱えている問題について考えを深めることができる。これらは、先のグラフで具体的に読み取った知識が思考のための土台になっているのである。

# 第2章 社会科重要資料の指導法 30選

　第2章では、社会科の達人たちが推薦した30の資料について、その資料から児童に何を読解させるべきかについての解説を左ページに、授業展開例を右ページに配置してご紹介します。
　ここで選ばれた30の資料は、チエル株式会社発行の一斉授業における提示型デジタル教材「小学校の見せて教える社会科資料5年生」※にも収録されています。このデジタル教材を活用することにより、教室の大型テレビやプロジェクタ、電子黒板等で資料を部分提示しながら、児童に資料の読解を指導することができます。
　手元にある社会科資料集と同じ資料が提示されるので、児童にとって考えやすくなります。デジタル教材によって部分提示して発問することで、どの部分に注目すればよいのかが児童にわかりやすくなり、資料の読解が深まります。

## 資料の見方

**▶資料名**

**▶グラフの状態**
デジタル教材「見せて教える社会科資料5年生」を提示した際の表示画面を表しています。資料集の資料での注目場所でもあります。

**▶カテゴリー**
産業ごとに色分けしています。

**▶出典元**
教育同人社発行「社会科資料集」の該当単元です。

**▶資料の読み解き**
この資料の概要と簡単な内容の解説です。

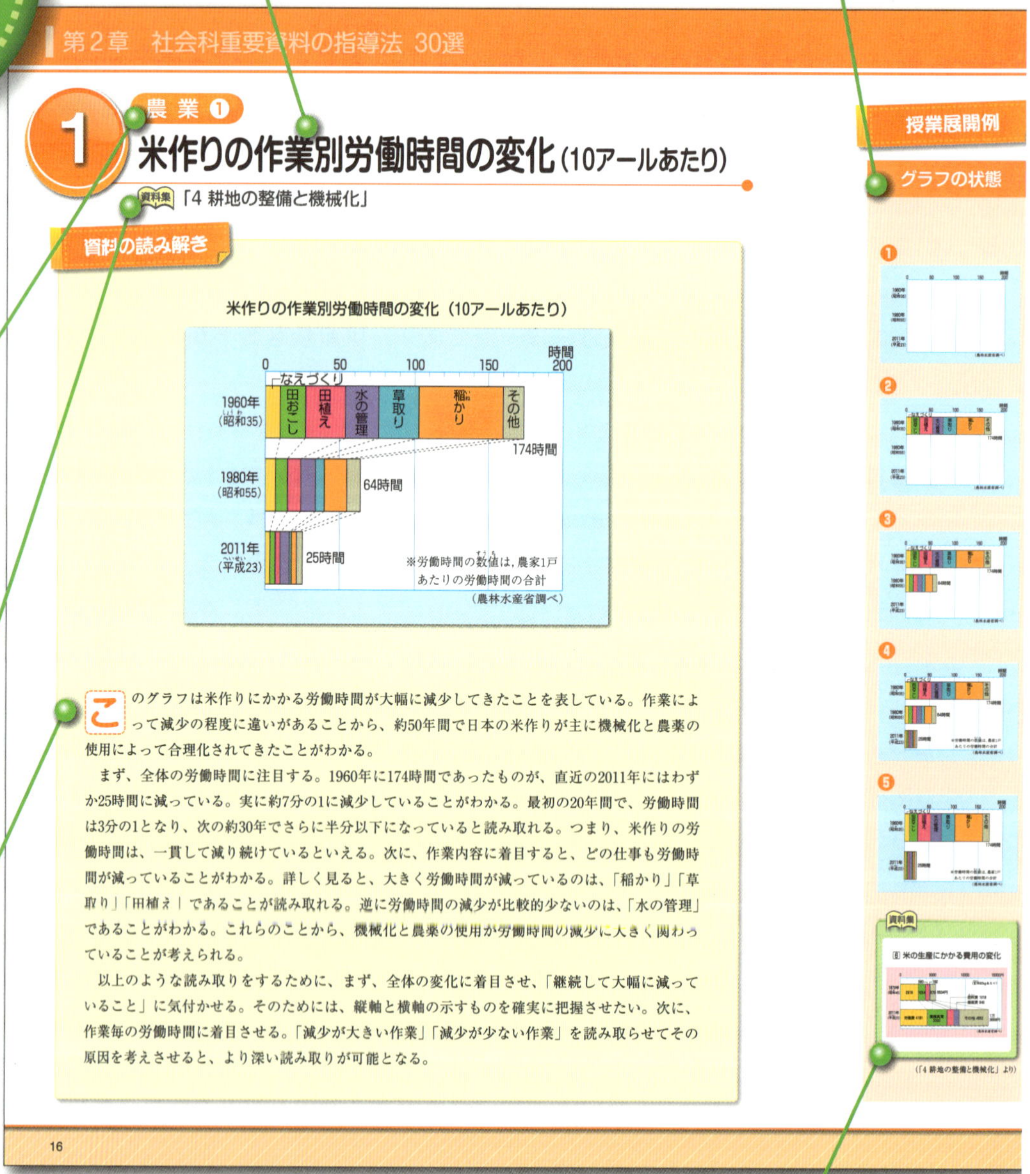

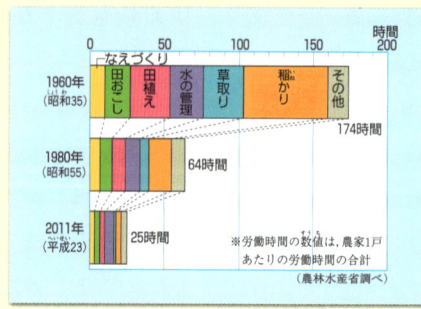

**▶参考資料**
社会科資料集にある別の資料です。

※本書で使用している資料は平成24年度版「社会科資料集5年」(教育同人社)より引用しています。

## ▶授業の展開

教師の発言(T)と想定される児童の発言(C)で展開します。教師の発言の太字は時間をかけてしっかり気付きを促したい場面です。

「農業① 米作りの作業別労働時間の変化」

### 授業の展開

(事前に、45年前と現在の米作りの作業が変化していることを、同ページ③の写真で確認しておく)

T：横軸の時間のひと目盛は何時間を表していますか。❶
C：ひと目盛は10時間です。
T：では、1960年の米作りの作業別労働時間は、それぞれおよそ何時間といえますか。❷
C：苗作りは、およそ10時間です。
―――途中省略―――
C：稲かりは、およそ60時間です。
T：60時間とは、2.5日ということですね。

**ここでのポイント▶**グラフの目盛の読み方を押さえ、各作業時間を「およその数」でとらえさせる。

T：今度は、20年後の1980年と比べてみます。1960年の米作りの労働時間は174時間でしたが、1980年はどれだけになりましたか。❸
C：64時間です。
T：1980年の米作りの労働時間は、1960年のおよそ何分の1になったといえますか。❹
C：およそ3分の1になりました。
T：では、2011年の米作りの労働時間は、1960年のおよそ何分の1になったといえますか。❺
C：およそ7分の1になりました。

**ここでのポイント▶**3つの棒グラフを比べ、50年間で米作りの労働時間がかなり減っているという変化をとらえさせる。

T：6つの作業のうち最も減ったのは何でしょうか。
C：草取りです。
T：草取りの時間が減ったのはなぜでしょう。資料集⑤のグラフを見ましょう。
C：農薬費が4倍以上になっています。農薬で草が生えにくくなったと思います。
T：その通りです。昔に比べ農薬をたくさん使うようになり、草が生えにくくなりました。その結果、草取り作業に時間をかけずに済むようになりました。

**ここでのポイント▶**別の資料（グラフ）と関連付けて、理由を考えさせる。

T：では、減り方が最も少ないのはどの作業ですか。
C：水の管理です。
T：それはなぜでしょう。グループで話し合ってみましょう。
(グループで話し合い、考えをノートに書かせる)
T：では、次の時間にその考えを発表してもらいます。また次回は、米作りの作業について、費用の面からも考えてみましょう。

## ▶ここでのポイント

必ず押さえておくべき場面と内容です。

## ※提示型デジタル教材「小学校の見せて教える社会科資料」とは

小学校5年生社会科の授業で活用できる、一斉授業用の提示型デジタル教材です。資料を用いて統計的な学習を行う5年生社会科において、特定の項目だけの提示・年代別の提示など、ポイントを押さえた効果的な資料の提示を行うことにより、児童の理解を深めることが可能です。これは従来の書籍だけではできなかったことです。

見せたい要素だけを提示できる

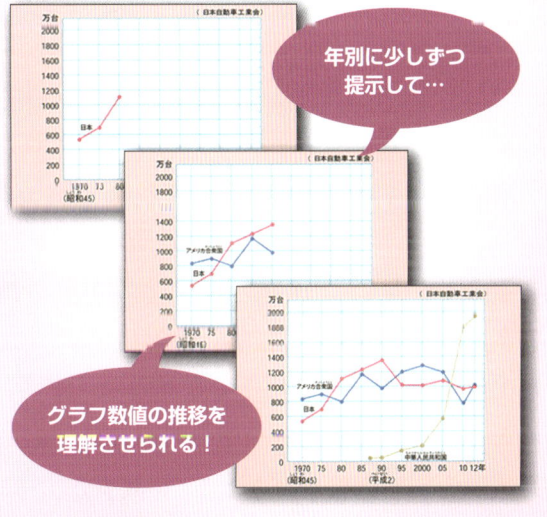

年別に少しずつ提示して…

グラフ数値の推移を理解させられる！

発行：チエル株式会社　http://www.chieru.co.jp/

第2章 社会科重要資料の指導法 30選

## 農業❶
## 米作りの作業別労働時間の変化（10アールあたり）

資料集 「4 耕地の整備と機械化」

**資料の読み解き**

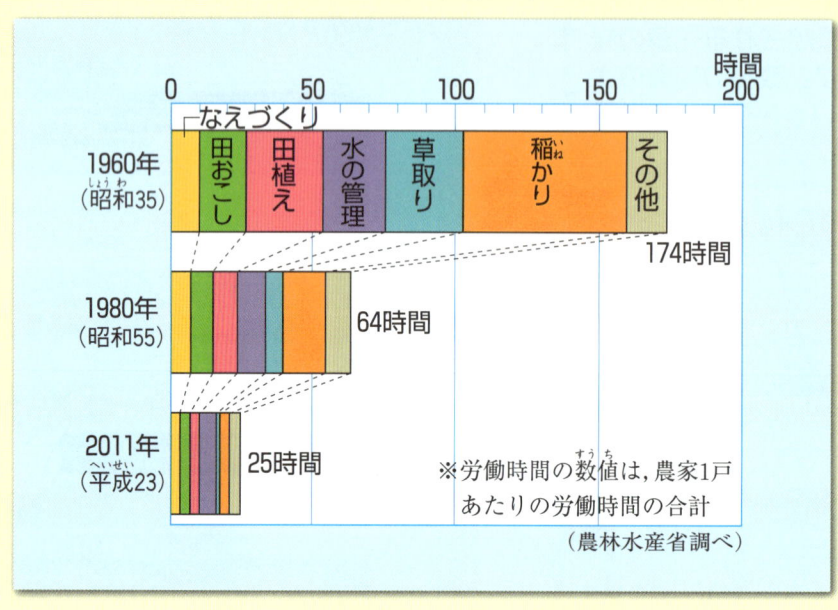

こ のグラフは米作りにかかる労働時間が大幅に減少してきたことを表している。作業によって減少の程度に違いがあることから、約50年間で日本の米作りが主に機械化と農薬の使用によって合理化されてきたことがわかる。

　まず、全体の労働時間に注目する。1960年に174時間であったものが、直近の2011年にはわずか25時間に減っている。実に約7分の1に減少していることがわかる。最初の20年間で、労働時間は3分の1となり、次の約30年でさらに半分以下になっていると読み取れる。つまり、米作りの労働時間は、一貫して減り続けているといえる。次に、作業内容に着目すると、どの仕事も労働時間が減っていることがわかる。詳しく見ると、大きく労働時間が減っているのは、「稲かり」「草取り」「田植え」であることが読み取れる。逆に労働時間の減少が比較的少ないのは、「水の管理」であることがわかる。これらのことから、機械化と農薬の使用が労働時間の減少に大きく関わっていることが考えられる。

　以上のような読み取りをするために、まず、全体の変化に着目させ、「継続して大幅に減っていること」に気付かせる。そのためには、縦軸と横軸の示すものを確実に把握させたい。次に、作業毎の労働時間に着目させる。「減少が大きい作業」「減少が少ない作業」を読み取らせてその原因を考えさせると、より深い読み取りが可能となる。

## 授業展開例

「農業①　米作りの作業別労働時間の変化」

| グラフの状態 | 授業の展開 |
|---|---|
| ❶ (グラフ画像)<br>❷ (グラフ画像)<br>❸ (グラフ画像)<br>❹ (グラフ画像)<br>❺ (グラフ画像)<br>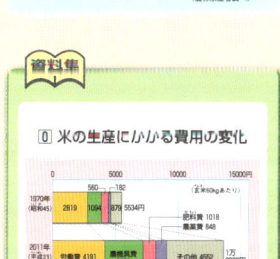<br>（「4 耕地の整備と機械化」より） | （事前に、45年前と現在の米作りの作業が変化していることを、同ページ③の写真で確認しておく）<br>T：横軸の時間のひと目盛は何時間を表していますか。❶<br>C：ひと目盛は10時間です。<br>T：では、1960年の米作りの作業別労働時間は、それぞれおよそ何時間といえますか。❷<br>C：苗作りは、およそ10時間です。<br>――――途中省略――――<br>C：稲かりは、およそ60時間です。<br>T：60時間とは、2.5日ということですね。<br><br>**ここでのポイント▶**グラフの目盛の読み方を押さえ、各作業時間を「およその数」でとらえさせる。<br><br>T：今度は、20年後の1980年と比べてみます。1960年の米作りの労働時間は174時間でしたが、1960年はどれだけになりましたか。❸<br>C：64時間です。<br>T：1980年の米作りの労働時間は、1960年のおよそ何分の1になったといえますか。❹<br>C：およそ3分の1になりました。<br>T：では、2011年の米作りの労働時間は、1960年のおよそ何分の1になったといえますか。❺<br>C：およそ7分の1になりました。<br><br>**ここでのポイント▶**3つの棒グラフを比べ、50年間で米作りの労働時間がかなり減っているという変化をとらえさせる。<br><br>T：6つの作業のうち最も減ったのは何でしょうか。<br>C：草取りです。<br>T：草取りの時間が減ったのはなぜでしょう。資料集⑥のグラフを見ましょう。<br>C：農薬費が4倍以上になっています。農薬で草が生えにくくなったと思います。<br>T：その通りです。昔に比べ農薬をたくさん使うようになり、草が生えにくくなりました。その結果、草取り作業に時間をかけずに済むようになりました。<br><br>**ここでのポイント▶**別の資料（グラフ）と関連付けて、理由を考えさせる。<br><br>T：では、減り方が最も少ないのはどの作業ですか。<br>C：水の管理です。<br>T：それはなぜでしょう。グループで話し合ってみましょう。<br>（グループで話し合い、考えをノートに書かせる）<br>T：では、次の時間にその考えを発表してもらいます。また次回は、米作りの作業について、費用の面からも考えてみましょう。 |

# 第2章 社会科重要資料の指導法 30選

## 2 農業❷ 米の生産量と消費量、古米の在庫量の変化

資料集 「6 米づくり農家の問題」

### 資料の読み解き

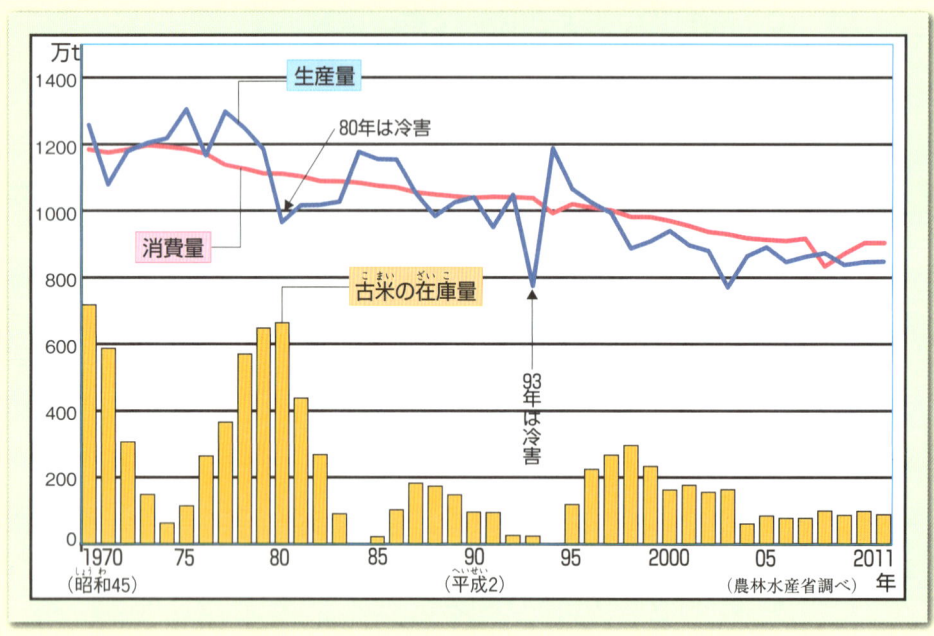

米の生産量と消費量、古米の在庫量の変化

　**こ**のグラフは、我が国の米の消費量も生産量も徐々に減ってきていることなどを示している。主食である米の消費量と生産量の変化は、我が国の農業生産を学ぶ上で欠かせない基本資料である。

　まず消費量に注目すると、1970年からほぼ一貫して減り続けていることがわかる。1970年に約1200万tだった消費量は、2011年には900万tほどにまで減っている。グラフは一見なだらかに見えるが、消費量はおよそ4分の3程度に減ってしまったことになる。一方、生産量は、増減が激しいグラフとなっている。豊作と冷害の影響である。しかし、全体の大きな流れとしては、やはり減少に向かっている。政府の減反政策などのためである。古米在庫の解釈は難しい。豊作の後に在庫量が増えるのは、当時政府が全量買い取りしていたためである。在庫の急激な減少は、主に政府が過剰米を処理（飼料用として販売など）したことによる。

　以上のような読み取りをするために、まずは消費量のグラフから長期にわたる減少傾向をとらえさせたい。次に生産量のグラフを見せる。そして、消費量に比べると増減の変化が激しいことに気付かせ、その理由を考えさせたい。同時に、大きな傾向としては生産量が減っていることに気付かせ、その背景にある減反政策について考えさせていくようにすると、より深い読み取りが可能となる。古米の在庫量の変化については深入りせず、教師が簡単に教える程度でよいだろう。

## 授業展開例

「農業② 米の生産量と消費量、古米の在庫量の変化」

| グラフの状態 | 授業の展開 |
|---|---|
| | （事前に、縦軸横軸の表しているもの、「生産量」「消費量」「冷害」という用語を押さえておく）<br>T：まず、消費量の変化はどうなっているか予想してみましょう。それは、どうしてですか。<br><br>**ここでのポイント▶生産量と消費量のそれぞれが減り続けていることを理解させるために、まず、消費量だけを一斉提示する。次に生産量だけを一斉提示する。❶** |

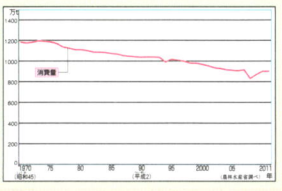

C：減っていると思います。食生活が変化しているからです。
T：では、消費量の変化をグラフで確かめましょう（消費量のみ提示）。どうなっていますか。
C：やはり減り続けています。
T：どれだけ減っているか読み取りましょう。
C：1970年は1200万t、2011年は900万tです。だいたい300万t減っています。
T：1970年の消費量は、日本人が年間1人平均100kg消費した量とほぼ同じです。40年間で4分の3になりました。次に、生産量の変化を見ましょう。❷

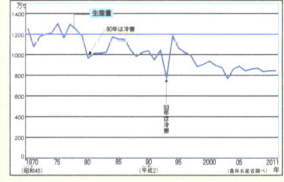

C：生産量は、上がったり下がったりしています。
T：そうですね。消費量とは違って変化が激しいですね。**生産量が減っている時の原因は何だと思いますか。また、増えている理由は何でしょう。**
C：冷害の時に減っているので、気候によるのだと思います。
C：機械化や品種改良をしているから増えているのだと思います。
T：自然条件によって増減したり、農家の人の工夫によって増加したりしているのですね。
T：グラフは上下になっていますが、1970年と2011年の生産量を線でつないでみましょう。生産量は、どう変化しているといえますか。

C：消費量と同じように、だんだん減ってきているといえます。
T：では、生産量と消費量を重ねてみましょう。どんな関係になっているか注目しましょう。

**ここでのポイント▶消費量の変化全体を提示し、次に生産量を5年ごとに提示し、気付いたことを発表させる。❸**

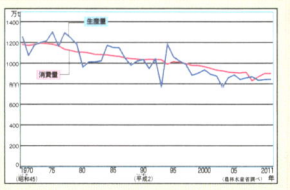

C：生産量が消費量を上回ったり下回ったりしています。❹
C：1998年頃からは、消費量が上回っています。
T：収穫後1年以上だった米を古米といいます。古米の変化をグラフを重ねてみます。❺ 生産量が上回った年の次の年は古米は増えてます。逆に、冷害などで不作時には、古米を使うので減ります。
T：**古米の量が多いということは、余った米があるということです。米が余るとどんな問題があると思いますか。**
C：米がたくさんあると、処分に困ると思います。
C：米の値段が下がって農家の人が困るのではないかな。
T：国は、米が余るようになったために、稲の作付面積を減らす減反を始めました。この政策では、田で米以外の作物をつくる転作を行いました。このように米が余ることをおさえる生産調整が行われたのです。また、1999年からは、米が自由に輸入されています。

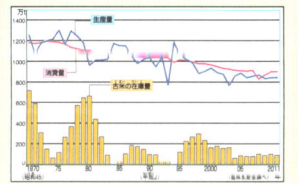

T：1983年以前とそれ以後の古米の量を比較してみましょう。
C：古米の量は、減っています。
C：2005年以降は、ほぼ同じ量です。
T：生産調整により減っています。国では、不作などに備えて2005年から毎年100万t備蓄しています。生産量が減ることでどんな問題が起きるのか調べていきましょう。

19

# 第2章 社会科重要資料の指導法 30選

## 3 農業❸ 農業で働く人の数の変化

資料集 「6 米づくり農家の問題」

**資料の読み解き**

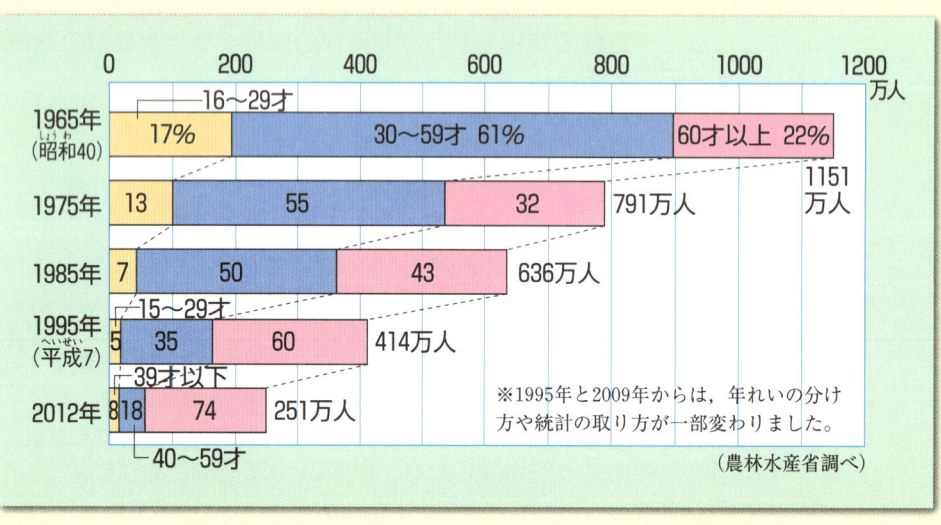

農業で働く人の数の変化
（農林水産省調べ）
※1995年と2009年からは、年れいの分け方や統計の取り方が一部変わりました。

　**こ**のグラフは、農業で働く人の数が一貫して減少していることと、働き手の高齢化を示している。我が国の農業の大きな課題を理解するための重要なグラフである。
　まず、全体の働く人数の変化に着目する。農業で働く人は、1965年には1151万人いたが、直近の2012年には251万人に減っている。約50年の間に、実に4分の1以下に減少していることがわかる。しかも、途中で増加に転ずることはなく、一貫して減少していることがわかる。次に、その内訳を見る。すると30歳〜59歳の中堅層の減少が最も激しいことが読み取れる。子どもから見ると父母のような、社会の中核となる働き手が農業ではどんどん減っていることになる。一方、60歳以上の高齢者の働き手の数は、それほど減っていない。むしろその割合は、22％から74％へと大幅に増えている。つまり、日本の農業は若手や中堅層ではなく、高齢者の奮闘によって成り立っていることがわかる。
　以上のような読み取りをするために、まずは縦軸横軸の意味をしっかりつかませ、大幅な減少という大きな変化に目を向けさせたい。その後に、年代別の変化に目を向けさせる。「減っている年代」「それほど減っていない年代」に分けたり、「その年の一番多い担い手の年代がどれか」を考えさせたりする。すると、高齢化が進んでいることや1995年以降は半分以上が高齢者によって農業が営まれていることなど、より深い読み取りが可能となる。

## 授業展開例

「農業③　農業で働く人の数の変化」

| グラフの状態 | 授業の展開 |
|---|---|
| 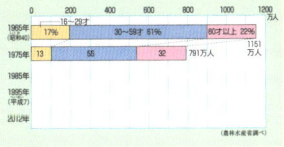 ❶<br><br>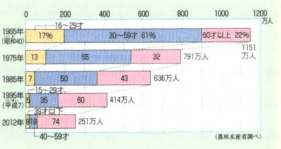 ❷<br><br>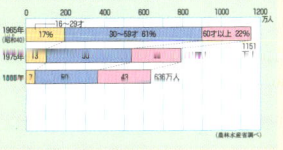 ❸<br><br>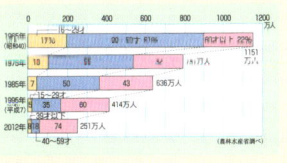 ❹<br><br>❺ | （事前に、米の生産量や消費量が近年は減少していること、国は生産調整を行っていることを押さえておく）<br>T：縦軸は年度を表しています。1965年～1975年の農業で働く人全体の数はそれぞれ何人ですか。❶❷<br>C：1151万人と791万人です。<br>T：**10年間で減ってきていますね。では、この後はどんなグラフになりそうですか。それは、どうしてですか。**<br>C：減っていくと思います。米の生産量や消費量が減ってきているからです。<br>C：減ると思います。農業以外の仕事をしている人が増えていると思うからです。<br><br>**ここでのポイント▶全体の数の傾向をつかませるために、各年度の全体の数だけに着目させる。❸**<br><br>T：1965年から2012年までの約50年間に約何万人減っていますか。<br>C：900万人です。<br>T：資料から農業で働く人々は約4分の1に減っていることがわかりましたね。<br>T：では次に、年齢別に見ていきましょう。まずは黄色で表されている16～29才までに注目しましょう。数字は全体の中の割合を表しています。1995年までどうなっていますか。<br><br>**ここでのポイント▶年齢別の割合をつかませるために、年齢ごとの色分けに着目させ10年ごとに表示し、数値に着目させてから全体の傾向を答えさせる。❹**<br><br>C：どんどん減っています。半分以下になりました。<br>T：2012年は黄色の部分に30代までも含まれているので、減っているといえます。<br>T：次は青の部分です。30～59才までです。割合の変化を答えましょう。<br>C：61%から18%に減っています。半分以上の割合だったのが、かなり減っています。<br>T：何年まで半分を超えていましたか。<br>C：1985年までです。1995年からは半分をきっています。<br>T：次は赤の部分です。お年寄りの方々ですね。割合の変化を答えましょう。<br>C：22%から74%に増えています。1995年から半分以上の割合になり、かなり増えています。<br>T：割合の変化からわかったことは何ですか。<br>C：59才以下の人の割合は減り、60才以上の人の割合は増えています。<br>T：全体の中のお年寄りの割合が増えることを、高齢化が進むといいます。<br>T：日本の農業の問題は何でしょう。表題の言葉を使ってまとめましょう。<br><br>**ここでのポイント▶資料からの読み取ったことをまとめるために、表題を改めて確認する。❺**<br><br>C：農業で働く人の数が減り、高齢化が進んでいることが問題です。<br>T：**なぜこのような問題が起きていると思いますか。予想しましょう。**<br>C：農業は、とても重労働だからです。<br>C：農業は機械などでお金がかかるし時間も制約されるので、会社などで働く方が良いと若い人が考えるからだと思います。<br>C：農業を始める人より、農業をやめて都会の会社などで働く人が多いからだと思います。<br>T：農業で働く人々が減り高齢化するという問題を解決するために、様々な取り組みや工夫がされています。どのような取り組みや工夫がされているのか調べましょう。 |

第2章　社会科重要資料の指導法 30選

農業❹
おもな野菜の生産量の変化

資料集 「7 野菜づくりのさかんな地域」

**資料の読み解き**

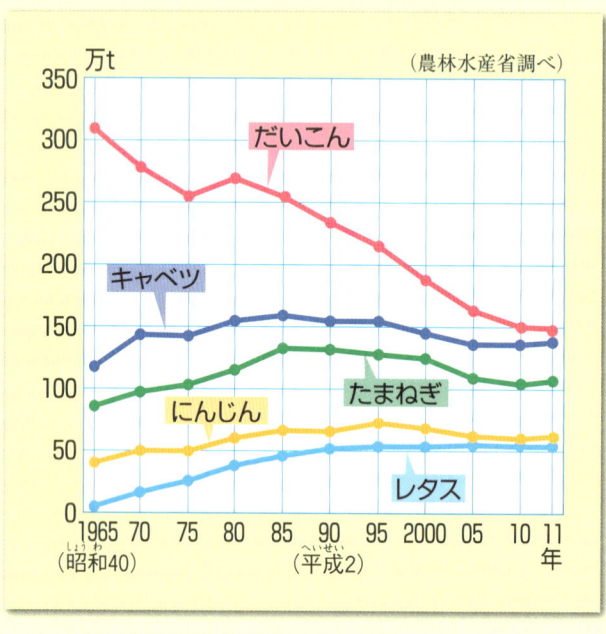

　**こ**のグラフを使うと、野菜には年々生産の増えている物と減っている物があることがわかり、農家はニーズに合わせて作物を変えていることを理解させることができる。
　まず、主な野菜として、だいこん、キャベツ、たまねぎ、にんじん、レタスを取り上げ、その生産量の変化を表していることを確認する。次に、この50年で、生産量が大きく減っている作物（だいこん）、変化の少ない作物（キャベツ、にんじん、たまねぎ）、増加している作物（レタス）に分けられることに気付く。だいこんは、生産が半減している。また、レタスは、ほとんど生産されていなかったものが大きく伸びていることがわかる。日本人の食生活が洋食化し、農家がそれに応じて生産する作物を変えているのである。
　以上のような読み取りをするために、グラフの提示の仕方を工夫したい。まず、変化の少ない、キャベツ、にんじん、たまねぎを提示する。次にだいこんの変化を提示したい。ここで、その半減の理由を考えさせる。子どもたちは食生活の変化に気付き始めるだろう。それを確認するのが、最後のレタスのグラフである。和食の代表的な食材であるだいこんと、洋食の代表的な食材であるレタスの比較を際立たせることで、深い読み取りが可能となる。

## 授業展開例

「農業④　おもな野菜の生産量の変化」

| グラフの状態 | 授業の展開 |
|---|---|
| ❶ | （おもな野菜づくりのようすの中から1つ取り上げ学習し、農家の工夫を押さえておく）<br>T：野菜を作るには農家の人はいろいろな工夫をしていましたね。<br>T：**全国的に見るとこれらの野菜の生産量は、増えているのでしょうか。それとも減っているのでしょうか。**<br>C：レタス作りでは2回に分けて作っていたから、増えていると思います。<br>C：給食には野菜が必ず出るからきっと増えていると思います。<br>C：野菜によって違うのではないかな。<br>T：グラフを見ます。1965年のキャベツの生産量はどれだけですか。❶<br>C：だいたい120万tです。<br>**ここでのポイント▶グラフは種類ごとに順に重ねて表示し、その都度気付いたことを発表させる。**<br>T：キャベツの生産量はどのように変化していますか。<br>C：少しずつ増えてきています。1980年には150万tを超えています。<br>C：2011年にはだいたい140万tぐらいです。 |
| ❷ | T：たまねぎとにんじんの生産量はどのように変化していますか。❷<br>C：たまねぎはキャベツと同じように1985年まで少しずつ増えています。<br>C：2011年には少し減って100万tぐらいです。<br>C：にんじんは1995年まで少しずつ増えています。<br>C：2011年には60万tぐらいです。<br>T：**3つの野菜の生産量の変化で共通していることはどんなことですか。**<br>C：少しずつ増えてきたけれども今はあまり変わっていません。<br>C：他の野菜はどうなのかな。<br>T：それでは、だいこんを見てみましょう。❸<br>C：あれ、どんどん減っている。 |
| ❸ | **ここでのポイント▶だいこんを5年ごとに間を空けて表示していく。**<br>T：1965年から、どのように変化したといえますか。<br>C：1980年には少し増えるけれども、だんだん減っています。<br>C：300万tも生産量があったのに、今では150万tに減っています。<br>C：ここ50年の間に半分に減ったんだね。<br>T：**先の3つの野菜の生産量はあまり変わらないのに、だいこんは半分に減っています。これは、なぜだと思いますか。** |
| ❹ | C：だいこんを食べる人が減っているからだと思います。<br>C：そういえば、家ではだいこんを使った料理が出ないなあ。<br>C：漬け物とかおでんのときぐらいしか食べないね。<br>C：料理にはあまり使われなくなったからだと思います。<br>T：ここでレタスの生産量を見てみましょう。❹<br>C：あれ。生産量は一番少ないけれども増えているね。<br>C：1990年からは50万t以上に増えています。 |
| ❺ | **ここでのポイント▶だいこんとレタスだけ表示する。❺**<br>T：私たちの食生活が変化してきて、だいこんを使う和食よりもレタスを使った洋食が増えてきています。野菜の生産量の変化は私たちの食の変化と関係があることがわかりますね。 |

23

# 第2章 社会科重要資料の指導法 30選

## 5 農業⑤ おもなくだものの生産量の変化

資料集 「8 くだものづくりのさかんな地域」

**資料の読み解き**

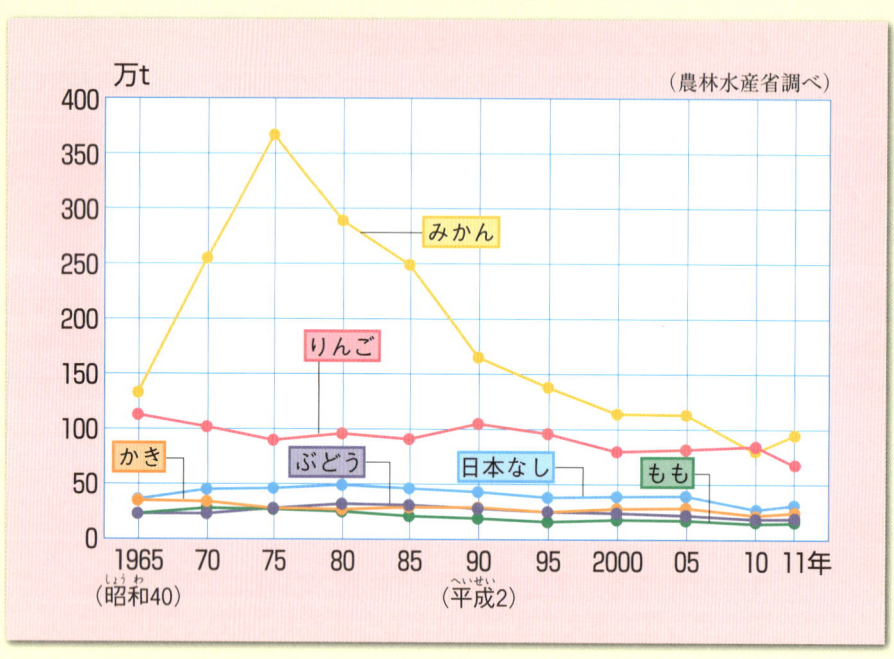

おもなくだものの生産量の変化

　このグラフは、最近までおよそ50年間の主な果物の国内生産量の変化を表している。極端な生産の変化を示すみかんに目を奪われがちだが、安定的に見える果物についても目盛りに注目してしっかり読み取らせたい。資料読解の力を養うことができる良いグラフである。
　まず、みかん生産量の変化は、1965年から1975年にかけて約3倍となった。理由は食生活の変化向上、現金収入を求めた農家の増加といわれている。ピークの1975年には約367万tの生産があった。しかし、その後は年々減少し、最近は100万t程度と3分の1以下にまで激減している。他の果物は、一見変化が少ないように見えるが、みかんの変化を表すためグラフの目盛りが大きく取ってあるので、注意が必要だ。たとえばりんごは、ピーク時は約113万tあったものが約66万tにまで減っている。つまり40％以上の減少である。果物生産の減少は、段階的に進んだ輸入自由化や農家の高齢化が原因である。
　以上のような読み取りを子どもたちだけでするのは難しい。まず、比較的変化の少ない果物を先に見せ、その後でみかん、りんごの変化を見せたい。みかんは5年ごとの変化を見せたい。増減の理由については深入りはせずに、教師が背景をわかりやすく教えることが必要である。

## 授業展開例

「農業⑤　おもなくだものの生産量の変化」

| グラフの状態 | 授業の展開 |
|---|---|
| | （おもなくだものづくりのようすの中から1つ取り上げ学習しておく）<br>T：果物を作るには農家の人はいろいろな工夫をしていましたね。<br>T：**これらの果物の生産量は、増えているのでしょうか。それとも減っているのでしょうか。**<br>C：ハウス栽培によって1年中食べられるようになっているから、増えていると思います。<br>C：みかんを箱で買うこともあるから、きっと増えていると思います。<br>C：外国産のくだものを多く見かけるようになったから、減っていると思います。<br>T：グラフを見ます。1965年の、ももの生産量はどれくらいですか。❶<br>C：だいたい25万tです。 |
| ❶<br>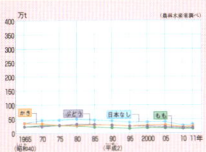 | **ここでのポイント▶グラフは変化の少ないものから順に重ねて表示し、気付いたことを発表させる。**<br>T：ももの生産量はどのように変化していますか。<br>C：あまり変わっていません。ずっと25万tぐらいです。<br>T：ぶどう、かき、日本なしの生産量はどのように変化していますか。❷<br>C：ぶどうはももとほとんど変わらず、だいたい25万tぐらいです。<br>C：日本なしは1980年に50万tまで増えたけれど、変化は少ないです。<br>C：かきもほとんど変化が見られません。<br>C：この45年間で果物の生産量はあまり変化がないみたいだね。<br>T：みかんの生産量を見てみましょう。❸ |
| ❷<br>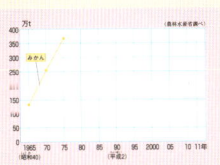 | |
| ❸<br>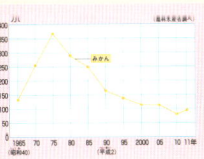 | **ここでのポイント▶みかんだけを1975年まで連続して表示し、いったん止め、急激な変化の意味を考えさせる。**<br>C：すごい、急激に増えているね。<br>T：1965年から1975年までにみかんは何倍に増えましたか。<br>C：約3倍に増えています。<br>T：**みかんが急激に増えたのは、なぜだと思いますか。**<br>C：みかんを食べる人が増えたからだと思います。<br>C：みかんを作ると、もうかったからだと思います。 |
| ❹<br> | **ここでのポイント▶1975年以降のみかんの変化を表示する。**<br>C：1975年から急に減り始めた。❹<br>C：今では100万tを切ってしまっているので、もうからないのかな。<br>T：ここでりんごの生産量を見てみましょう。 |
| ❺<br>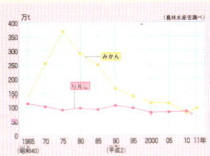 | **ここでのポイント▶みかんにりんごを重ねて表示する。❺**<br>C：あれ？みかんほどではないけれども少しずつ減っているね。<br>C：1965年には110万tあったのに、今では約70万t近くまで減っています。 |
| ❻<br>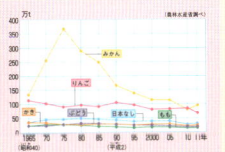 | **ここでのポイント▶全てのグラフを表示する。❻**<br>T：果物の生産量は全体的に増えているといえますか。<br>C：種類によっては一時期増えたものもあるけれども、全体的には減っています。<br>T：みかんやりんごが減ってきた理由については、オレンジやグレープフルーツなどの外国産の安い果物が多く入ってきたことが関係しています。また、果物農家の高年齢化が進み、作る人が減ってきたことも理由に挙げられます。果物の生産量の変化についてノートにまとめてみましょう。 |

| 第2章　社会科重要資料の指導法 30選

**農業❻**

# 日本のおもな食料の自給率の変化

資料集 「14 日本の食料生産の問題」

**資料の読み解き**

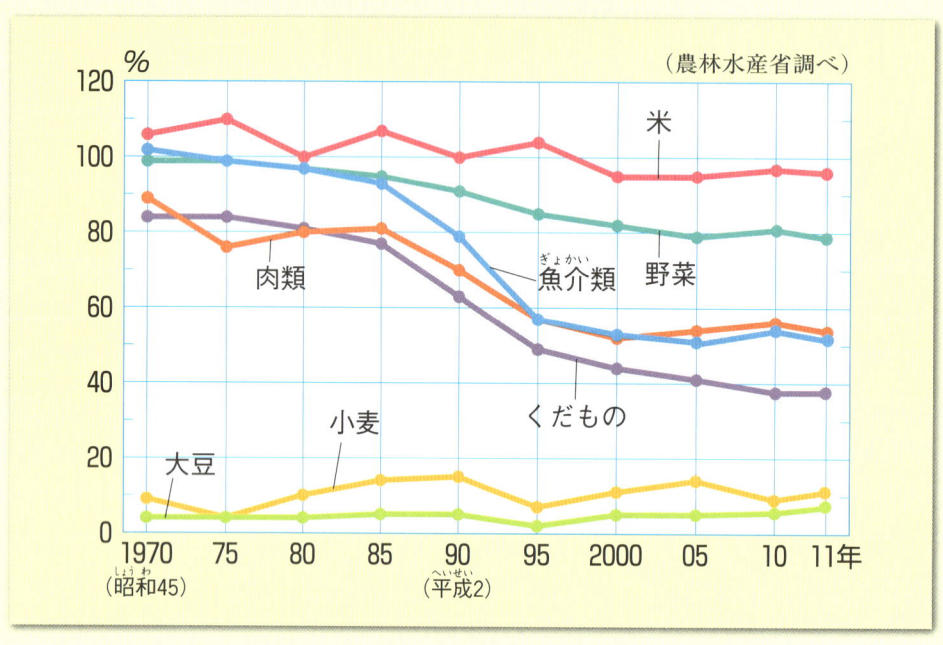

日本のおもな食料の自給率の変化

　**こ**のグラフからは、主な食料の自給率は年々低下傾向にあること、しかし、その減り方は一様ではないことがわかる。我が国の食料生産の特質がよく見えるグラフといえる。
　まず、全体の推移を見ると、おおむね右下がりとなっていることがわかる。次に詳しく見ると、3つのグループに分かれることが理解できる。米、野菜は、減少傾向とはいえ、今なお高い自給率を保っている。主食の米は100％近い自給率であり、野菜も80％程度の自給率を保っている。魚介類、肉類、果物は、1970年頃80％以上の自給率であったものが、今は50％前後にまで低下している。大豆と小麦は、1970年頃からずっと自給率が低く、一貫して大部分を輸入に頼ってきたことが理解できる。
　このような読み取りをするために、まず、魚介類、肉類、果物の変化を先に見せる。ぐんぐん自給率が減り、輸入に頼る割合が増えていることがわかるであろう。次に米と野菜の変化について同じような減り方なのか考えさせたい。その上で提示し比較すると、減少傾向は同じであるものの、米と野菜は今なお高い自給率であることがわかる。さらに小麦と大豆を提示する。自給率が一貫して低い状態であることが浮き彫りなる。最後に改めて3つのグループに分けられることを確認して、理解を深めさせたい。

## 授業展開例

「農業⑥ 日本のおもな食料の自給率の変化」

| グラフの状態 | 授業の展開 |
|---|---|
| 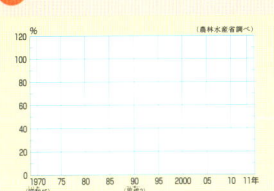 ❶ | （事前に、日本の主な食料は輸入に頼っていることを押さえておく）<br>T：タイトルを全員で読みましょう。❶<br>C：日本のおもな食料の自給率の変化。<br>T：グラフの出典は何ですか。<br>C：農林水産省調べです。<br>T：グラフの縦軸は何ですか。<br>C：自給率の割合です。<br>T：グラフの横軸は何ですか。<br>C：西暦です。<br>T：グラフの食料は何ですか。<br>C：米・野菜・魚介類・肉類・果物・小麦・大豆です。<br>T：魚介類・肉類・果物のグラフの変化を読み取りましょう。❷ |
| 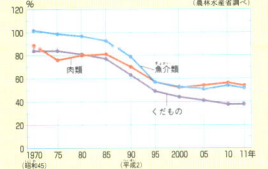 ❷ | **ここでのポイント▶魚介類・肉類・果物のグラフを5年ごとに表示して、全体として自給率が低下していることを押さえる。❸**<br>T：魚介類・肉類・果物が、特に大きく減っているのは、おおよそ何年から何年の間ですか。<br>C：おおよそ1985年～1995年頃です。<br>T：この時期に魚介類・肉類・果物の自給率が大きく減ったのはどうしてだと考えますか。教科書や資料集を参考に考えましょう。 |
| 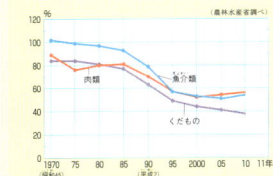 ❸ | C：食料の輸入量が増えた。外国の食料が安い。航空輸送が発達した。<br>T：米と野菜のグラフの変化を読み取りましょう。❹<br><br>**ここでのポイント▶米と野菜のグラフを5年ごとに表示して、全体として自給率が低下していること、魚介類・肉類・果物との変化の違いを押さえる。** |
| 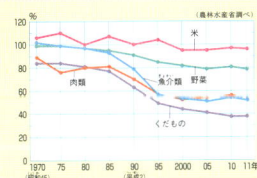 ❹ | T：米と野菜は、魚介類・肉類・果物のように大きく減っている時期がありません。どうしてなのかを教科書や資料集を参考に考えましょう。<br>C：外国から輸入していると鮮度が落ちる。日本の米と野菜はおいしいし、農薬が少ない。輸入制限されている。<br>T：大麦と小麦のグラフの変化を読み取りましょう。❺<br><br>**ここでのポイント▶大麦と小麦のグラフを5年ごとに表示して、自給率が一貫して低いことを押さえる。** |
| 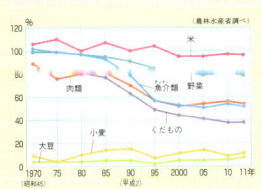 ❺ | T：大麦と小麦の自給率が1970年からずっと低いのはどうしてなのか、教科書や資料集を参考に考えましょう。<br>C：1970年から輸入量が多かった。昔から日本では作る人が少なかった。日本では大豆や小麦作りが難しいのだと思う。<br>T：日本の主な食料の自給率は年々低下傾向にあります。グラフ全体を調べると、いくつのグループに分けることができますか。<br>C：3グループです。<br><br>**ここでのポイント▶①米・野菜 ②魚介類・肉類・果物 ③大麦・小麦それぞれのグラフの変化を押さえる。**<br><br>T：3つのグループごとに、それぞれの特徴を教科書や資料集を使ってまとめましょう。 |

第2章 社会科重要資料の指導法 30選

農業 ⑦

## おもな国の食料の自給率の変化

資料集「14 日本の食料生産の問題」

**グラフの読み解き**

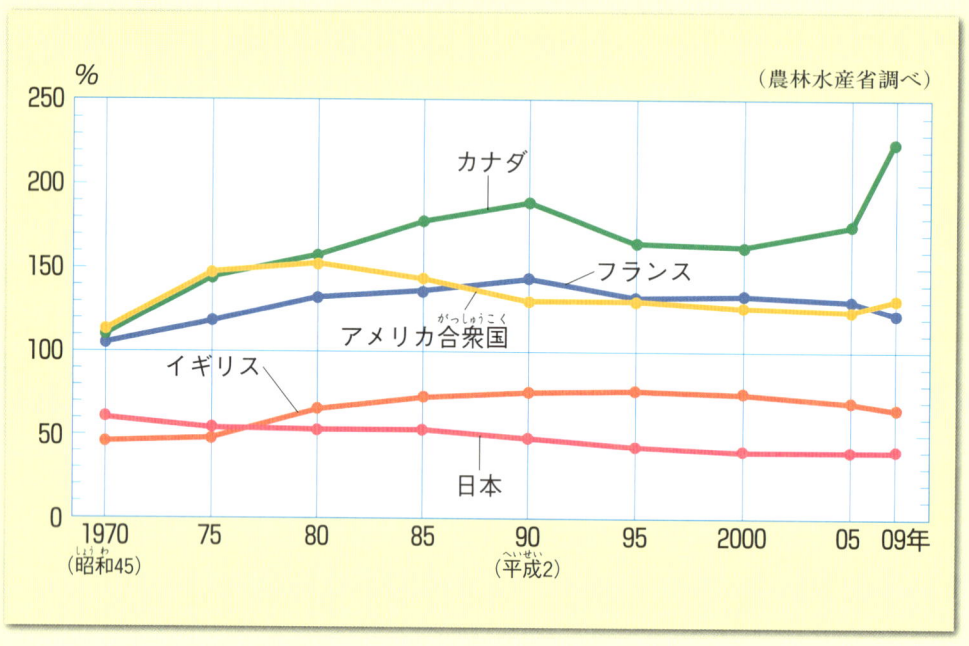

おもな国の食料の自給率の変化

　　これは、日本の食料自給率が、主な国と比べて低いことを示すグラフである。主な国が輸出できるほどの高い自給率を維持している一方、我が国は下がり続けていることがわかる。
　まず、カナダ、フランス、アメリカ合衆国に着目すると、100％以上の自給率を維持し続けていることがわかる。広い国土を持つこれらの国は、大規模農業経営で生産コストが低く、国際競争力が高い。注目すべきは、イギリスである。イギリスの国土は日本の3分の2に過ぎず、1970年には日本よりも自給率が低かった。しかしそのイギリスも、国家戦略で自給率を伸ばし、2009年には60％以上となっている。これらに比べると、日本の自給率が下がり続けていることが非常に目立つ。この背景には、農地に適した国土の狭さや戦後の食生活の大きな変化がある。
　以上のような読み取りをするために、まず縦軸に注目させることが必要である。100％以上の自給率とは、自国での消費を満たし、輸出できる余力を持っていることを理解させたい。その上で、カナダ、フランス、アメリカ合衆国の自給率を示す。ここで、これらの食料輸出大国の背景について理解させる。次に、国土が狭いイギリスと日本の70年のデータを示す。そこから5年おきのデータを交互に示していきたい。これによって、日本の食料自給率の長期的低下傾向がより鮮明になり、この問題の深さを理解することができるだろう。

28

## 授業展開例

「農業⑦　おもな国の食料の自給率の変化」

| グラフの状態 | 授業の展開 |
|---|---|
| ❶ 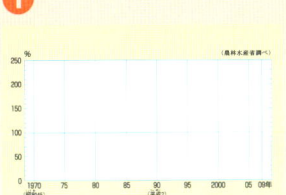 | （事前に、自給率が国によって差があることを押さえておく）<br>T：タイトルを全員で読みましょう。❶<br>C：主な国の食料の自給率の変化。<br>T：グラフの出典は何ですか。<br>C：農林水産省調べです。<br>T：グラフの縦軸は何ですか。<br>C：自給率の割合です。<br>T：グラフの横軸は何ですか。<br>C：西暦です。<br>T：グラフの国はどこの国ですか。<br>C：カナダ・アメリカ合衆国・フランス・イギリス・日本です。<br>T：地図帳を開いて、カナダ・アメリカ合衆国・フランス・イギリスを確認しましょう（それぞれの国を1カ国ずつ確認する）。<br>T：自給率が100%だと食料がその国の国内の生産だけでたります。自給率が100%以上の国は、余った食料をどうしていると思いますか。<br>C：他国へ輸出しています。<br>T：カナダは、自給率が100%あると思いますか。<br>C：ある・ない（挙手させ理由もあれば発表させる）<br>（カナダのグラフを表示し❷、アメリカ合衆国・フランスについても同様の発問指示をする。❸）<br>T：カナダ・アメリカ合衆国・フランスは、食料の自給率が100%を超えています。教科書や資料集を使って、これらの国の自給率が100%を超えている理由を考えましょう。<br>C：カナダやアメリカ合衆国は国土が広いので、農地も広いからです。<br>C：大規模な農業経営ができるので生産コストが低いからです。<br>C：たくさん生産し、輸出で儲けるためです。 |
| ❷ | |
| ❸ | **ここでのポイント▶3カ国の自給率が100%を超えていること、自給率の高さを維持できる背景、食料輸出国であることを押さえる。**<br>T：イギリスは、自給率が100%あると思いますか。❹<br>C：ある・ない（挙手させ理由もあれば発表させる）<br>T：日本は、自給率が100%あると思いますか。<br>C：ある・ない（挙手させ理由もあれば発表させる）<br>（1970年の日本・イギリスの自給率を表示する。❺）<br>T：日本とイギリスは、他の3カ国と比べると1970年の自給率が低いですね。どのような違いがあると思いますか。<br>C：農地が狭いことだと思います。<br>C：島国であることだと思います。<br>T：日本とイギリスの自給率の変化を比べましょう。 |
| ❹ | |
| ❺ 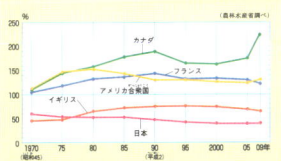 | **ここでのポイント▶2カ国の自給率を5年おきに交互に示す。**<br>T：日本とイギリスの自給率の変化を比べて、思ったことやわかったことを発表しましょう。<br>C：日本はイギリスよりも低くなりました。<br>C：イギリスは1975年から上昇しましたが、日本は年々下がり続けています。<br>C：日本は自給率50%をきっていますが、イギリスは60%以上になりました。<br>T：日本の食料の自給率の変化について、他国と比べながら教科書や資料集を参考にしてまとめましょう。 |

# 第2章　社会科重要資料の指導法 30選

## 8　畜産❶　おもな家畜の飼育数の変化（乳牛・肉牛・ぶた）

資料集「9 畜産のさかんな地域」

### 資料の読み解き

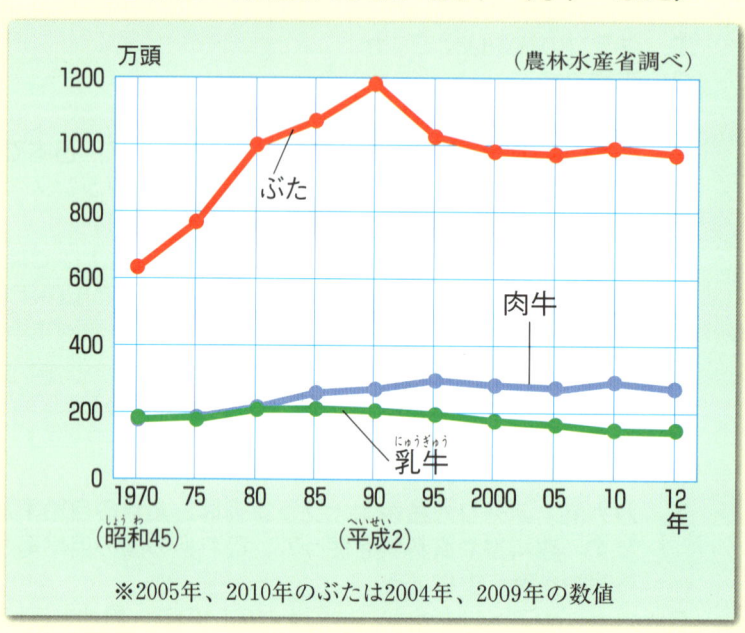

おもな家畜の飼育数の変化（乳牛・肉牛・ぶた）
※2005年、2010年のぶたは2004年、2009年の数値

　このグラフは、日本の主な家畜の飼育頭数の変化を表すグラフである。ただし、豚、肉牛、乳牛の3つであり、鶏は含まれていないことに留意したい（鶏は「おもな家畜の飼育数の変化（にわとり）」のグラフに記載）。

　まず、豚と肉牛の飼育数の変化に注目したい。豚と肉牛はそれぞれ1990年、1995年頃まで増加していることがわかる。戦後、我々の食生活は豊かになり洋食化してきた。それが、この増加の背景に読み取れる。しかし、豚と肉牛の飼育数は、1990年、1995年頃を境に減少したり、伸びが鈍ったりしている。これは、1991年からの牛肉の輸入自由化（制限の撤廃。関税は残っている。）が影響している。ただ、豚肉、牛肉の消費は減少せず、輸入によってむしろ増えている。乳牛の頭数の変化は緩やかであるが、豚や肉牛と同様の傾向がある。日本人の牛乳・乳製品の1人当たりの消費量は増加している。しかし、乳牛の頭数があまり伸びていないのは、乳製品の段階的な輸入自由化が影響している。つまり、このグラフの読み取りには、日本人の食生活の変化と輸入自由化の進行という背景に関する知識が欠かせない。

　以上のような読み取りをするために、まず、豚と肉牛の飼育頭数の5年ごとの変化を見せたい。そして、急速な伸びとその後の停滞に気付かせる。日本人の食生活の変化、輸入自由化については、教師の説明が必要である。乳牛の飼育頭数の変化についても、教師の説明が欠かせない。

## 授業展開例

「畜産① おもな家畜の飼育数の変化（乳牛・肉牛・ぶた）」

| グラフの状態 | 授業の展開 |
|---|---|
| | （グラフはタイトルだけを表示）<br>T：乳牛・肉牛・豚の飼育数の変化を見ていきましょう。<br>（グラフの縦軸、横軸を確かめる）<br>T：まず、豚の飼育数の変化です。<br>T：1970年から2012年まで、どのように変化してきていると思いますか。<br>**ここでのポイント▶自分たちの食生活や消費の様子などから飼育数の予想をもたせた上で、変化についての読み取りを行う。**<br>C：だんだん増えてきていると思います。<br>（根拠となる考えを聞き出しておく）<br>T：それでは、1970年から順に見ていきましょう。❶<br>**ここでのポイント▶90年までの増加と、90年からの減少の両方に目が向くよう、5年ずつ提示する。**<br>T：わかることは何ですか。<br>C：1990年まではどんどん増えているけれど、90年を境にして減っています。<br>C：1970年からの20年間で飼育数が2倍に増えています。<br>T：なぜ1970年から1990年までに2倍に増加したのだと思いますか。<br>C：日本人が豚肉をよく食べるようになってきたから。<br>C：日本人の好みが和食から洋食へと変わってきたからかな。<br>T：次に肉牛の飼育頭数です。どのように変化してきていると思いますか。<br>C：豚と同じように変化しているのかな。<br>（根拠となる考えを聞き出しておく）<br>T：それでは、1970年から順に見ていきましょう。❷<br>**ここでのポイント▶豚に比べて肉牛の飼育頭数の変化が小さいこと、95年頃を境に横ばい状態になっていることに目が向くよう、5年ずつ提示する。**<br>T：わかることは何ですか。<br>C：肉牛の飼育数は少し増えたけど、豚ほどは大きく変化していないね。<br>T：豚と肉牛の飼育数の変化で共通していることは何ですか。<br>C：豚も肉牛も90年や95年まで増えていくけれど、そのあとは減ったり、変わらなかったりしています。<br>T：90年や95年を境に減ったり増えなくなったりしてきているのは、この頃に「輸入自由化」が行われたからです。以前は外国からの豚肉や牛肉の輸入量を制限していましたが、国力が高まってきたので制限できなくなりました。その結果、外国から安い食料品の輸入が増えていったのです。<br>T：「輸入自由化」が行われた後は、日本人が肉を食べる量は減ったと思いますか。<br>C：ますます増えていると思います。外国の安い肉が輸入されるようになって、食べる量は増えているはずです。<br>T：最後に乳牛の飼育数の変化を見てみましょう。❸<br>（「すべて表示ボタン」で一斉に表示する）<br>T：わかることは何ですか。<br>C：豚や肉牛の飼育数ほど大きく変化していないね。<br>C：むしろ、近年は減ってきています。<br>T：実は、牛乳の消費量もこの40年間で大きく伸びています。国内の飼育頭数が伸びていないのは、やはり輸入自由化が影響しています。このように、家畜の飼育数は、食生活と輸入の変化に大きく影響されているのです。 |

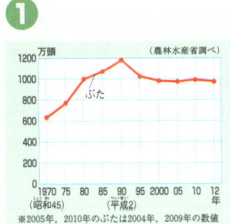

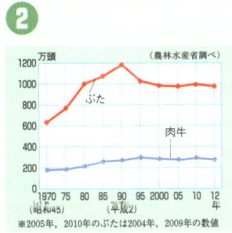

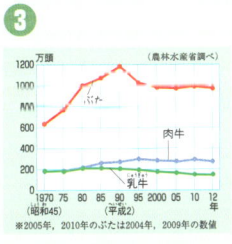

第2章 社会科重要資料の指導法 30選

## 畜産❷
## おもな家畜の飼育数の変化（にわとり）

資料集 「9 畜産のさかんな地域」

**資料の読み解き**

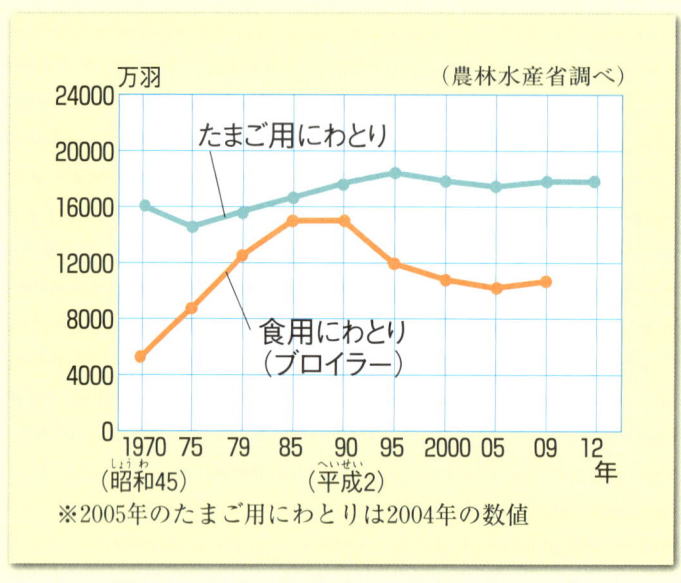

おもな家畜の飼育数の変化（にわとり）

のグラフは、主な家畜のうち、鶏だけの飼育数の変化を表している。肉牛や豚の生産と同じく、戦後日本人の食生活が急速に洋食化してきたことが見えてくる。肉牛や豚と一緒のグラフにしないのは、飼育数が非常に多く、桁が違いすぎるからと思われる。

まず、ひと口に鶏といっても、大きく2種類に分かれることがわかる。食用鶏（ブロイラー）と卵用鶏である。かつては、食用鶏と卵用鶏の区別はなかったが、1960年代にケージ飼育が広がり、鶏はこの2つに分けてカウントされるようになったのである。卵用鶏の飼育数に大きな変化がないのは、1970年以前に急激な増加があり、既に消費が飽和状態に近いためである。ちなみに現在の日本人の鶏卵消費量は、世界第2位（2011年 世界鶏卵評議会による）。95％程度が国内自給されている。食用鶏の増加は、食生活の変化が大きく影響している。1995年頃からの減少は、輸入が伸びたためである。卵は生食することが多く国内生産が安定しているのに対し、食用鶏は輸入の増加が国内飼育数に影響を与えていることがわかる。

以上のような読み取りをするために、卵用鶏と食用鶏の両方を一度に見せたい。そして、この2つの違いをしっかりととらえさせる。その上で、卵用鶏の飼育数は比較的変化が少ないこと、食用鶏は変化が大きいことに気付かせたい。1995年以降の輸入量との関連については、教師の説明が必要である。

32

# 授業展開例

「畜産②　おもな家畜の飼育数の変化（にわとり）」

| グラフの状態 | 授業の展開 |
|---|---|
| ❶<br>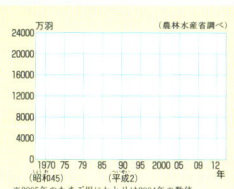 | （グラフはタイトルだけ表示。グラフの縦軸、横軸を確かめる。❶）<br>T：鶏の飼育は、その肉を食べる食用鶏と、卵を取る卵用鶏の2つのグラフに分かれます。<br>T：私たちは食肉と卵でそれぞれどのような料理にして食べますか？<br>（鶏肉…から揚げ・フライドチキン・炒め物の具材として　など）<br>（卵…玉子焼き・ゆで玉子・生卵　など）<br><br>**ここでのポイント▶自分たちの食生活から食肉用と卵用の違いを押さえた上で、資料の読み取りに入る。**|
| ❷<br>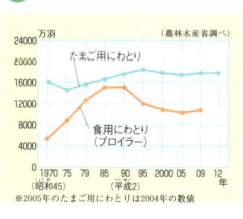 | T：では、両方の飼育数の変化を見てみましょう。❷<br>（「すべて表示」で両方のグラフを一度に提示する）<br><br>**ここでのポイント▶食肉用と卵用のグラフを同時に見せることで、両者の違いについて目が向くようにする。**<br><br>T：比べてわかること、気が付くことは何ですか。<br>C：卵用の飼育数の方が多いです。<br>C：食用は1970年から1990年まで3倍近くに増えているけれど、90年から95年にかけて急に減っています。<br>C：卵用は食肉用に比べて大きな変化はありません。<br>T：**食肉用が、1990年までに飼育数が3倍に増えているのは、食生活がどのように変わってきたからだと思いますか。**<br>C：肉類を好んで食べるようになったからかな。<br>C：和風の食事から洋風の食事に変わってきたからだと思います。<br>T：先ほど皆さんが挙げた料理も洋風のものが多かったですね。90年からいったん急に減っているのは、輸入自由化により、外国の鶏肉が大量に輸入されるようになってきているからです。<br>T：**卵用はなぜ食用のように輸入量に影響されていないのでしょう。**<br>C：卵は新鮮でないと食べられないので、輸入せず国内で作っているからです。<br>C：国内で生産される卵で十分だからだと思います。<br>T：卵は生のものを調理に使うことがほとんどなので、輸入に左右されにくいのです。同じ鶏でも、外国からの輸入に左右されてきた食肉用と、多くが国内で生産される卵用とでは、変化の様子が違うことがわかります。しかし、卵用の鶏が食べるえさになる穀物は、かなりの量を外国からの輸入に頼っています。私たちの食生活と外国との関係の変化が、鶏の飼育数にも影響していることがわかりますね。|

# 第2章　社会科重要資料の指導法 30選

## 10 畜産❸　牛肉の生産量・消費量と輸入量の変化

資料集「9 畜産のさかんな地域」

### 資料の読み解き

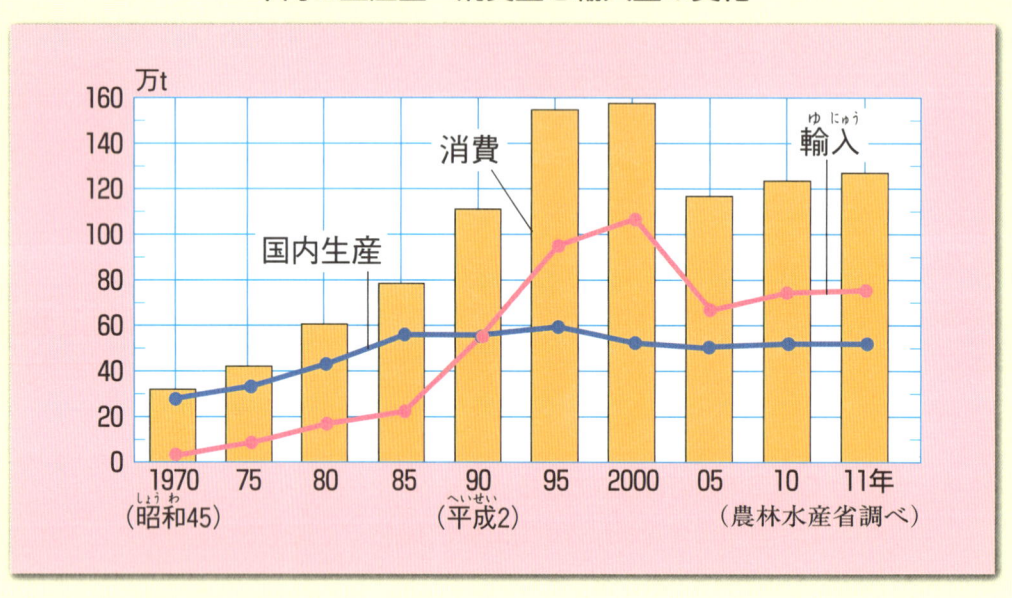

牛肉の生産量・消費量と輸入量の変化
（農林水産省調べ）

　**こ**のグラフは、国内での牛肉の生産量・消費量と輸入量の変化を示すグラフである。我が国の畜産が、洋食化と輸入自由化に大きな関係があることを示す良い資料である。

　まず、グラフの全体を見ると、消費量が近年までほぼ伸び続けてきたことがわかる。他の畜産と同様、食生活の洋食化の影響がここにも見える。2005年に消費が落ちるのは、BSE問題などが影響している。消費の推移と国内生産、輸入の関係を見ると、消費が大きく伸びた1995年頃にも、国内生産に大きな変化はないが輸入量は大きく伸びている。輸入自由化によって価格が下がり消費が伸びたのである。逆に、2005年にBSE問題で消費が落ちたときには、安全な国内生産はあまり影響を受けず、輸入量が大きく落ち込んだ。消費と輸入が深く関連して変化し、国内生産は安定傾向であることがわかる。

　以上のような読み取りをするために、まずは、消費量の変化を5年刻みに見せたい。全体として消費が伸び続けたこと、特に大きな増加が1995年頃にあること、2005年には落ち込んでいることをつかませる。そこに、輸入のグラフと国内生産のグラフを重ね、輸入と消費が連動していること、国内生産は安定していることをつかませたい。輸入自由化、BSE問題については教師が丁寧に教える必要がある。

# 授業展開例

「畜産③　牛肉の生産量・消費量と輸入量の変化」

| グラフの状態 | 授業の展開 |
|---|---|
| ❶<br>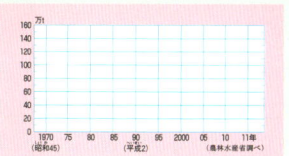 | （最初はタイトルのみ表示）<br>T：グラフの題名を確かめましょう。❶<br>C：「牛肉の生産量・消費量と輸入量の変化」<br>（グラフの縦軸、横軸も確かめる）<br>T：まず、国内の消費量の変化を見ていきます。❷<br><br>**ここでのポイント▶** まず消費量の変化を5年ごとに表示する。その変化に着目できるようにしたのちに、生産量と輸入量を重ねて提示することで、3つのデータの関連に目が向くようにする。 |
| ❷<br>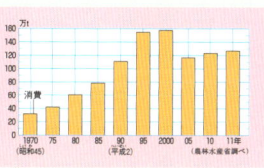 | T：2011年までの変化からわかることは何ですか。<br>C：1970年から2000年ぐらいまでは、どんどん消費量が増えています。<br>C：2000年から2005年にかけて、大きく減っているが、そのあとは少しずつ消費量が増え始めています。<br>T：1970年から2000年の消費量を比べると、その消費量は何倍に増えていますか。<br>C：およそ5倍に増えている。<br>T：日本人は30年間で5倍の量の肉を食べるようになったのですね。その牛肉はどこで生産されたものでしょうか。<br>C：きっと輸入された牛肉が増えていると思います。<br>T：それでは、まず国内生産量の変化を見ていきましょう。❸<br><br>**ここでのポイント▶** 国内生産量を5年ごとに提示していくことで、消費量が大きく生産量を上回っていったことに着目させる。 |
| ❸<br>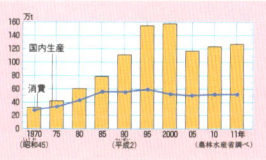 | T：生産量と比べてわかることは何ですか。<br>C：1990年からは、国内生産量が消費量に追いつかなくなっています。<br>C：1990年からは生産量が伸びていないね。<br>**T：国内生産量で足りない分はどうしたのでしょう。**<br>C：きっと輸入量が増えているんじゃないかな。<br>T：それでは、次に輸入量を重ねていきます。❹<br><br>**ここでのポイント▶** 輸入量を5年ごとに提示していくことで、消費量と関連して増え、ともに2000年から2005年にかけて減少していることに着目させる。 |
| ❹<br>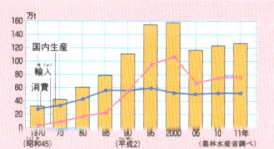 | T：わかることは何ですか。<br>C：やはり輸入量が増えているね。1990年には国内生産量を逆転しているよ。<br>C：消費量が減った2005年には、輸入量も大きく落ちているね。<br>**T：なぜ、輸入された牛肉がこのように増えていったのでしょう。**<br>C：外国の安い肉が大量に買えるようになったからです。<br>C：たくさん輸入されて牛肉の値段が下がり、消費もさらに増えたのかな。<br>T：輸入自由化で、外国の安い肉が大量に輸入されるようになり、日本人の食生活も大きく変わってきたのですね。<br>T：2000年から2005年までに消費量も輸入量も大きく落ち込んでいるのは、BSEの影響です。（BSEについて資料集をもとに説明する。）<br>T：国内生産量も減っていますか。<br>C：国内生産量はそれほど落ち込んでいません。<br>**T：なぜ、このようなことが起きたのですか。**<br>C：外国産の牛肉が敬遠されて、国内産が安全だと見直されたのかな。<br>T：輸入された食料品によって、私たちの食生活は豊かになってきました。一方で、今後は輸入に頼りすぎない食料生産や食の安全についても考えなくてはいけませんね。次はそのことについて詳しく考えていきましょう。 |

35

第2章 社会科重要資料の指導法 30選

水産業❶
# 漁業別生産量の変化

資料集 「11 とる漁業のようす」

**資料の読み解き**

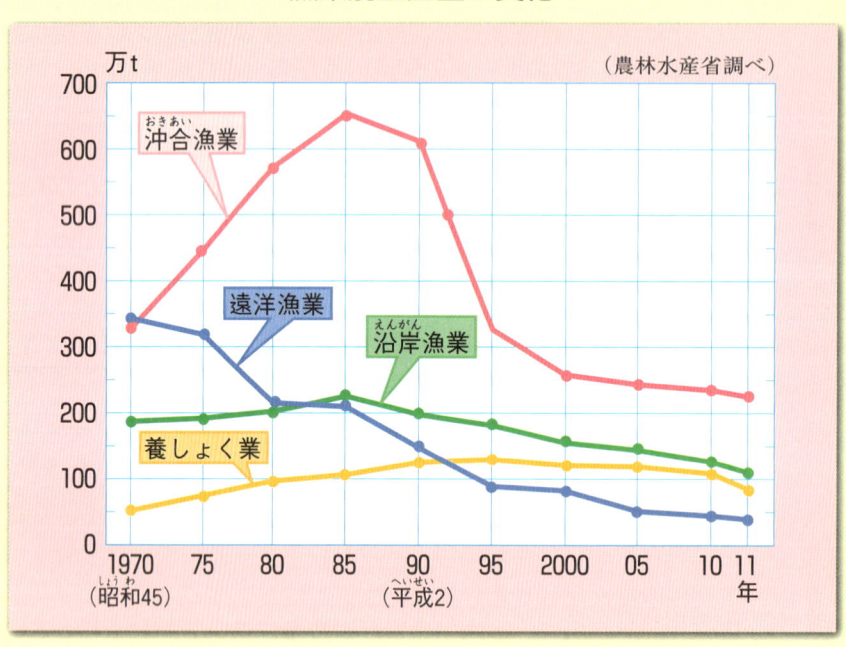

漁業別生産量の変化

　このグラフは、日本の水産業の特色を理解するために必ず取り上げられる重要なグラフである。我が国の1人当たりの食用魚介類供給量は、人口100万人以上の国の中で世界一である。このグラフからは、その日本がどのように魚介類を生産しているのかを理解することができる。

　まず、全体的な傾向を見ると、養殖業以外の、沖合漁業、遠洋漁業、沿岸漁業の生産量が1985年以降は揃って減少していることがわかる。たくさん魚介類を食べる日本であるが、生産は減り、輸入で補っているのである。詳しく見ると、遠洋漁業は1977年頃の200海里問題により、他国の水域での自由な操業が不可能となり、大きく減少した。沖合漁業、沿岸漁業はそれを補うように増加したが、近年は減少に転じている。沖合漁業の生産量の低下は、まいわしの減少が原因である。また、沖合漁業、沿岸漁業共に就業者の高齢化による生産量の減少も大きな問題である。期待される養殖業であるが、技術的な問題や適地不足、さらに高齢化の問題などがあり、大きな伸びは見られない。

　以上のような読み取りをするために、まず遠洋漁業のグラフを5年刻みに見せ、200海里問題との関係を教えたい。次に沖合漁業、沿岸漁業の1985年までの伸びを見せる。これによって200海里規制の意味がはっきりするだろう。その後の減少については、輸入量を示す別のグラフとあわせて指導したい。

## 授業展開例

「水産業① 漁業別生産量の変化」

| グラフの状態 | 授業の展開 |
|---|---|
| ❶ | （事前に「遠洋漁業」や「沖合漁業」、「沿岸漁業」の3つの漁業の特徴を確認しておく）<br>T：1970年を見ましょう。生産量が多い順に言いましょう。❶<br>C：一番多いのは「遠洋漁業」……最も少なかったのは「養殖業」です。<br>T：では、2011年はどうでしょう。<br>C：一番多いのは「沖合漁業」……最も少なかったのは「遠洋漁業」です。<br>T：順位は変わりましたが、すべての漁業の生産量は減っていることがわかります。それはなぜでしょうか。<br>C：日本人の食生活が変わり、魚を食べる量が減ったからです。<br>C：環境が悪化し、魚が取れなくなったからだと思います。<br>T：では、最も少なくなった「遠洋漁業」のグラフを見ます。一番減ったのは何年からの5年間ですか。❷<br>C：1975年からの5年間です。<br>T：実は、1977年に漁業ができる水域が制限されたのです。これを「200海里水域」と言います。資料集51pの「キーワード」を読みましょう。<br>T：この5年間、他の漁業はそれを補うように増加しました。特に増えたのはどの漁業ですか。<br>C：「沖合漁業」です。❸<br>T：しかし、その「沖合漁業」も、1985年にはおよそ650万tでしたが、1995年にはおよそ320万tになりました。何分の1になったといえますか。<br>C：2分の1です。<br>T：その理由は何でしょう。<br>C：それは、まいわしが獲れなくなったからです。<br>T：それはどこからわかりましたか。<br>C：グラフの横の「Q＆Aデスク」に書かれていました。 |

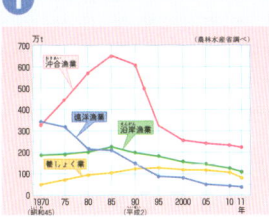

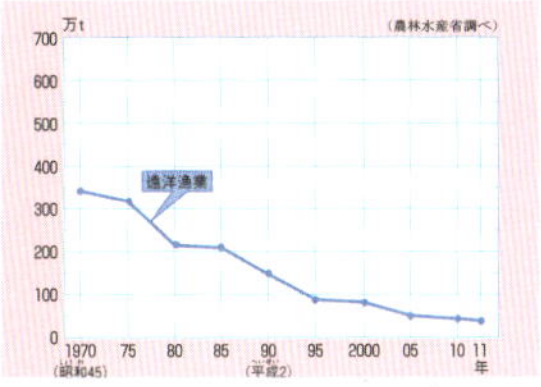

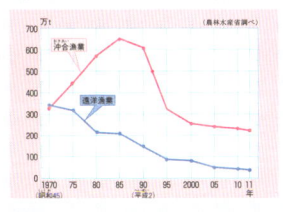

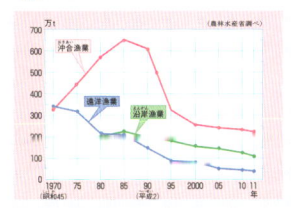

**ここでのポイント▶** 理由を考える際に、教師が指示しなくても資料集に書かれている参考情報に目がいくように指導する。

T：では、「沿岸漁業」の生産量の減り方が小さい理由は何ですか。❹「沿岸漁業」はどんな漁業でしたか。それをヒントに考えましょう。
C：海岸から数十キロぐらいまで日帰りで漁業を行っているから、毎日魚をとることができます。
T：その通りです。他の漁業に比べて仕事の負担も少なく、「定置網」などその土地に応じた魚を安定的に獲ることができるので、従事する人が最も多く、日本の漁業を支えているのです。資料集❾の円グラフで確認しましょう。
T：それでも、生産量が減っています。資料集❼の棒グラフを見ると、日本人の消費量が減っています。また、資料集❽の棒グラフを見ると、働く人が減っていることがわかります。これらいくつかのことが理由として考えられます。

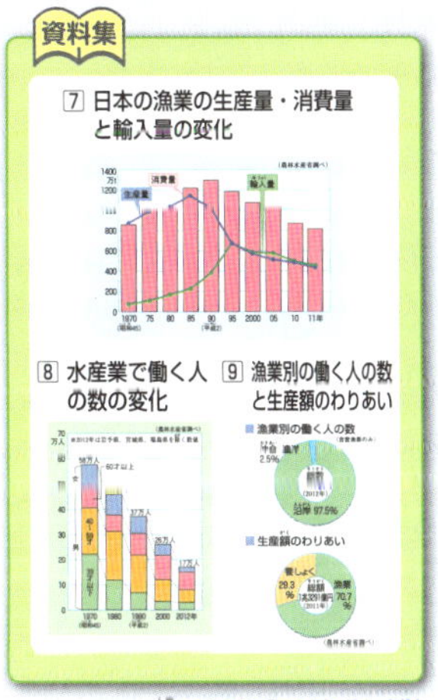

**ここでのポイント▶** 同じページある複数の関連資料から理由を考えるように指導する。

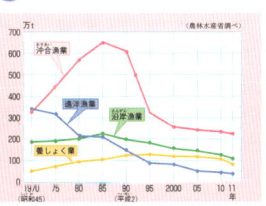

T：では、1970年には最も生産量が少なかった「養殖業」が、他の漁業に比べて減り方が最も少ない理由は何でしょう。❺
　それを、次回の「育てる漁業」の学習で確認します。

# 第2章 社会科重要資料の指導法 30選

## 12 水産業❷ 日本の漁業の生産量・消費量と輸入量の変化

資料集「11 とる漁業のようす」

### 資料の読み解き

**日本の漁業の生産量・消費量と輸入量の変化**
（農林水産省調べ）

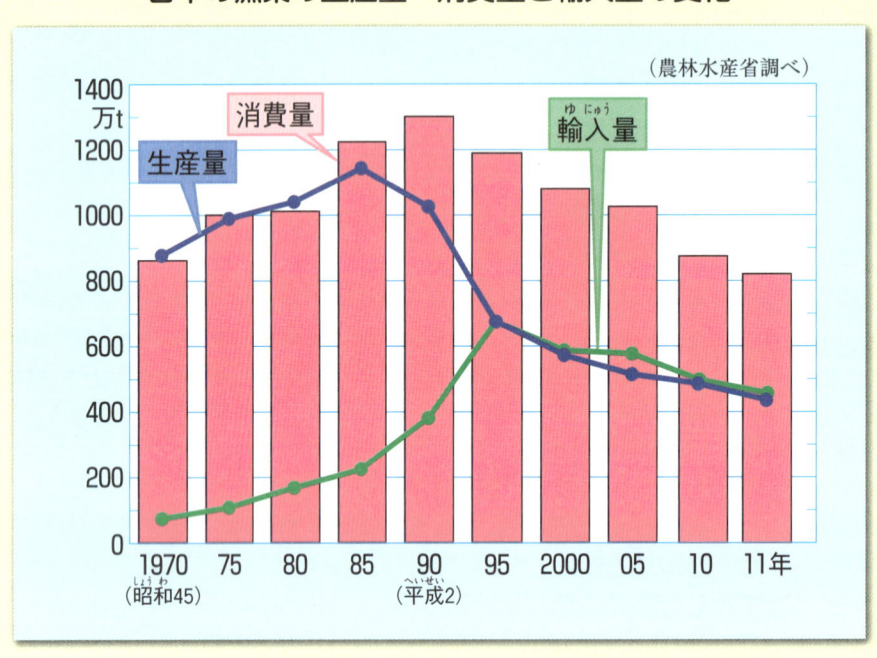

　このグラフは、日本の水産物消費が、大きく増加した時代を経て近年は減少に向かっていること、それに関連して生産量と輸入量も大きく増減していることを示す資料である。牛肉などの消費量の変化と合わせてみると、日本の食生活の変化がよく読み取れる資料といえる。

　このグラフによれば、水産物の消費量は大きく2つの局面に分かれることに気付く。1960年から1990年にかけての高度成長期には消費拡大が続き、その後は一転して消費減となっていく。1990年頃に輸入自由化となった牛肉の消費増加と合わせて考えると、食生活の洋食化傾向が浮き彫りになる。生産量は1985年をピークに減少に転じるが、しばらくは輸入の増加によって、消費を支えていた。しかし、その輸入も1995年をピークに減少に転ずる。近年は、消費も生産も輸入も減少するという状況にある。ただし、今でも日本は1人当たりの水産物の消費は世界のトップクラスであることに違いはないので、注意が必要である。

　グラフは、まず生産量の変化を5年刻みで見せたい。増加と減少がはっきりとわかるであろう。その後輸入量を見せる。生産のピーク（1985年頃）と輸入のピーク（1995年頃）が若干ずれているところがポイントである。最後に消費量のグラフを見せる。1995年以降は、消費も生産も輸入も減少していることを理解させたい。

## 授業展開例

「水産業② 日本の漁業の生産量・消費量と輸入量の変化」

| グラフの状態 | 授業の展開 |
|---|---|
| | （事前に、遠洋漁業や沖合漁業、沿岸漁業など「漁業別の生産量」が近年は減少傾向であることを押さえておく）<br>T：沖合漁業の生産量が一番多かったのはいつ頃ですか（前ページの「漁業別生産量の変化」より）。<br>C：1984年から1988年頃です。<br>T：**では、水産業全体の生産量はどのように変化していると思いますか。それは、どうしてですか。**<br>C：だいたい、沖合漁業と同じような変化になると思います。沖合漁業の生産量が一番多いからです。<br>C：養殖業はだんだん増えてきているけど、その他の漁業は減少しているので、水産業全体としてはだんだん減ってきていると思います。<br>T：グラフを見ます。1970年の生産量です。生産量はどれだけですか。❶<br>C：だいたい900万tです。<br>**ここでのポイント▶グラフは5年ごとに表示させ、その都度気付いたことを発表させる。**<br>T：1985年まではだんだん増えているね。この次はどうなりそうですか。<br>C：減っていくと思います。<br>T：（全て表示させたら）どんなことがわかりますか。<br>C：1990年から1995年までの減少は、その他と比べて一番大きいです。<br>T：今度は、ここに「水産物の輸入量」の変化のグラフを重ねてみます。❷<br>T：**外国からの輸入量は、どのように変化してきたと思いますか。予想しましょう。**<br>C：日本の生産量が減っているので、最近は輸入のほうが多いと思います。<br>C：魚を食べる人が減っているかも知れないから、もしかしたら輸入量もそれほど増えていないのかも知れないね。<br>T：それでは、グラフで確かめましょう。<br>C：あれ、どんどん増えているぞ。<br>**ここでのポイント▶1995年まで連続して表示させたらいったん止め、次を予想させる。**<br>T：1995年以降は、どのように変化しそうですか。<br>C：このまま少しずつ増えると思います。<br>C：たぶん減っていくのかな。<br>T：確かめてみましょう。ほら、生産量と同じペースで減っていますね。<br>T：**最近は、生産量も輸入量も、減少していることがわかります。これは、なぜだと思いますか。**<br>C：やっぱり、魚を食べる人が減っているからだと思います。<br>T：では、「消費量」の棒グラフを重ねます。❸ どんなことがわかりますか。<br>C：消費量は1990年までは増えているけれど、その後は減少しています。<br>C：生産量のグラフの変化に似ているね。<br>T：漁業の生産量や輸入量、そして消費量は減少していますが、これは、200海里問題や、日本人の食生活の洋食化と関係しているのです。 |

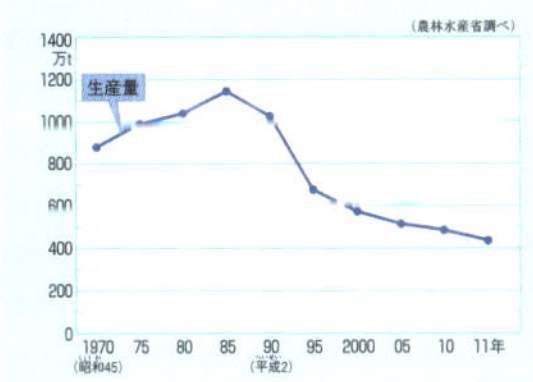

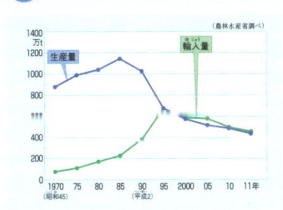

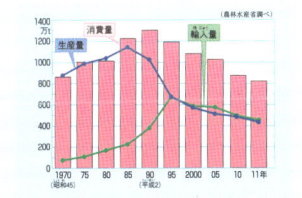

# 第2章　社会科重要資料の指導法 30選

## 13 水産業❸
## 水産業で働く人の数の変化(年れい別)

資料集「11 とる漁業のようす」

### 資料の読み解き

**水産業で働く人の数の変化（年れい別）**

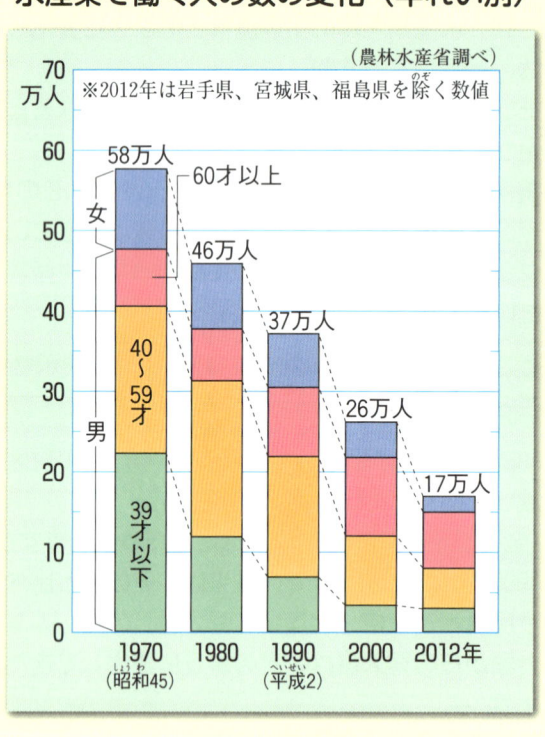

（農林水産省調べ）
※2012年は岩手県、宮城県、福島県を除く数値

- 1970年（昭和45）: 58万人
- 1980年: 46万人
- 1990年（平成2）: 37万人
- 2000年: 26万人
- 2012年: 17万人

（区分：女／男〈39才以下、40〜59才、60才以上〉）

　このグラフは、漁業就業者が年々減少し、さらに高齢化していることを示している。日本は、水産物を世界で最も消費している国である。健康面からも水産物の摂取は重要といえる。しかし、このまま就業者が減り高齢化が進めば、国内漁業の維持が難しくなるかもしれない。そうした課題が見えてくる大事なグラフである。

　まず、全体の働く人の数に着目すると、1970年には男女合わせて58万人いた漁業就業者は、2012年には17万人にまで減少していることがわかる。およそ40年間で3分の1以下にまで減ったのである。さらに、詳しく見ると、まず女性の大幅減少がすぐわかる。39歳以下の若い就業者（男性）は、23万程度から3万人程度まで激減している。40歳から59歳までの中堅層（男性）も大幅に減少している。一方、60歳以上の就業者（男性）は、6万人程度から10万人程度へとむしろ増えている。2012年には、なんと漁業就業者のおよそ半分は60歳以上の男性高齢者となっている。

　以上のような読み取りをするために、就業者の数を5年刻みに提示したい。最初は細かいところに目を向けず、全体としての就業者数の変化に着目させる。その後で、最も減少の多い性別と年代を読み取らせたい。最後に男性高齢者の増加を読み取らせ、問題を浮き彫りにするとよい。

## 授業展開例

「水産業③　水産業で働く人の数の変化（年れい別）」

| グラフの状態 | 授業の展開 |
|---|---|
| ❶ | （事前に、日本の漁業生産量は、魚のとりすぎや200海里水域などの影響で年々減ってきていることを押さえておく）<br><br>T：水産業で働く人の数の変化を確かめます。❶ これは、1970年の年齢別の働く人を表しています。全体で何万人いますか。<br>C：およそ58万人です。<br>T：このうち、青色は女性の数です。およそ10万人ですね。緑色、黄色、赤の部分は、男性の年齢別の人数を表します。60才以上は、何色だと思いますか。<br>C：緑色だと思います。漁業は、昔からお年寄りの方が多いと思うからです。<br>C：60才以上は黄色だと思います。緑色は、やはり若い人だと思います。<br><br>**ここでのポイント▶ここで凡例を示し、棒グラフの色ごとの区分を確認する。❷**<br><br>T：60才以上は赤色です。緑色は、39才以下です。1970年は、39才以下の若い人たちが一番多かったことがわかりますね。<br>T：では、この後、水産業で働く人の数全体はどのように変化していくと思いますか。また、年齢別ではどのように変わっていくと思いますか。予想しましょう。<br>C：日本の漁業生産量は、年々減ってきているので、水産業で働く人全体の数も年々減ってきていると思います。<br>C：最近、水産業で働く若い人は減ってきていると聞いたことがあります。2012年は、若い人が一番少ないと思います。<br>C：お年寄りは、昔よりも増えているんじゃないかな。<br>T：それでは、グラフで確かめてみましょう。<br><br>**ここでのポイント▶1980年、1990年……と順に表示させ、その都度、次の変化を予想させるようにする。**<br><br>T：まず、1980年です。働く人全体の数は46万人に減少しています。39才以下はどうですか。<br>C：およそ10万人も減っています。他の年齢に比べて減り方が大きいです。<br>（2012年まで同様に確かめていく。❸）<br><br>T：（グラフ全体を見て）60才以上の変化に注目してください。他の年齢の変化と比べて、どんな特徴がありますか。<br>C：他の年齢は年々減少してきているのに、60才以上の人の数は、1970年とあまり変化がありません。2012年は、60才以上の人が一番多くなっています。<br>T：このことから、どんなことがいえそうですか。<br>C：漁業で働く若者は年々減少してきています。<br>C：今の漁業は、60才以上の人たちに頼っているということがわかります。<br>T：つまり、水産業で働く人の高齢化が進んでいるということですね。<br>T：これは、先日学習した魚の消費量の変化、輸入量の変化に大きく関係がありそうですね。他にも理由は何か考えていきましょう。 |

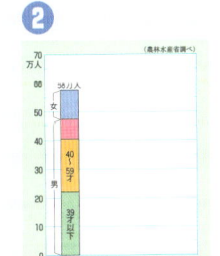

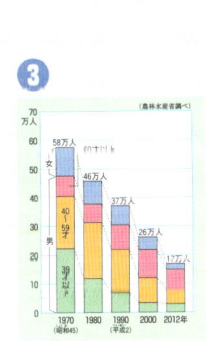

41

# 第2章 社会科重要資料の指導法 30選

## 14 工業生産① 家庭で使う工業製品のふきゅう率の変化

資料集「1 くらしの中の工業生産」

### 資料の読み解き

**家庭で使う工業製品のふきゅう率の変化**

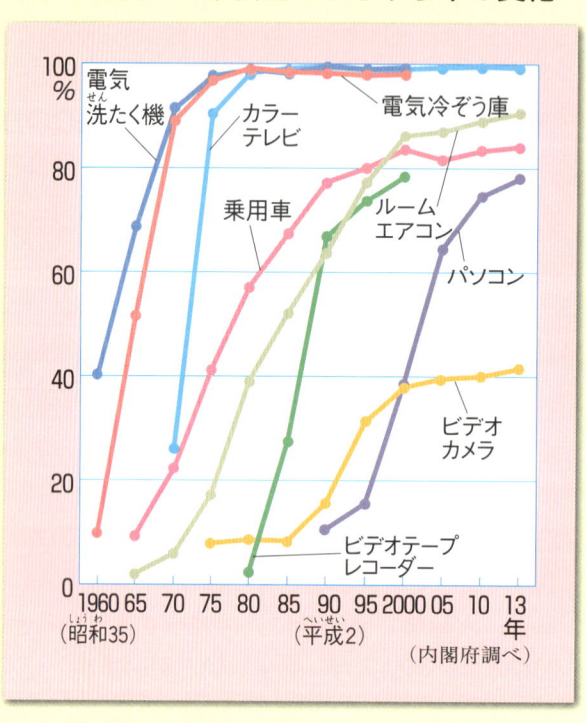

(グラフ：1960年〜2013年の電気洗たく機、カラーテレビ、電気冷ぞう庫、乗用車、ルームエアコン、パソコン、ビデオカメラ、ビデオテープレコーダーのふきゅう率。内閣府調べ)

　このグラフは、工業製品の中で家庭に普及している製品の割合を表したものである。現在、8種類のうちの多くは子どもたちの家庭にも普及しているものであり、これらの工業製品が私たちの生活に欠かせないものであることがわかる。

　このグラフでまず注目したいのは、現在の工業製品の普及率である。電気洗濯機・電気冷蔵庫・カラーテレビは100％に近く、どこの家庭にもほぼ普及している。ルームエアコン・乗用車・ビデオテープレコーダー（現在はDVDレコーダー）・パソコンも、約80％から90％普及しており、多くの家庭で身近なものであることがわかる。また、このグラフでは「普及の速さ」と「普及した年代」も読み取ることができる。たとえば、電気洗濯機・電気冷蔵庫・カラーテレビは40年前から50年前に一気に普及したこと、ビデオテープレコーダー・パソコンは比較的最近普及したことがわかる。

　このような読み取りをするために、まずは各製品のグラフの最終普及率を確認して、「ほぼ100％」「約80〜90％」という数値から、私たちの生活に欠かせないものであることを理解させる。続いて電気洗濯機・電気冷蔵庫・カラーテレビを1つずつ提示し、共通点を考えさせて、グラフの急な傾きからその普及スピードの速さを実感させる。さらに、5年ごとに区切って示すことで、どの製品が何年くらい前に普及したかも理解させることができる。

## 授業展開例

「工業生産①　家庭で使う工業製品のふきゅう率の変化」

| グラフの状態 | 授業の展開 |
|---|---|
| | （事前に、工業製品とはどのようなものなのかを押さえておく）<br>T：私たちの身の周りには、様々な工業製品があります。資料集64pにある①の図を見ると、家の中や周りにある工業製品がたくさん見えますね。何がありますか。<br>C：テレビ、パソコン、ゲーム、時計です。<br>C：冷蔵庫、洗濯機、自動車、他にもたくさんあります。<br>T：もしこれらがなかったら、どうなりますか？<br>C：とても困ります。不便です。<br>T：私たちは、数多くの工業製品に囲まれ、工業製品のおかげで快適に生活していることがわかります。<br>T：ここでは、家庭で使う工業製品の普及率について調べます。普及率とは、「製品などが人々に利用されている割合」のことです。普及率100％とは、その製品がどの家庭にもあるということを表します。**さて、今どの家庭でも当たり前のようにある工業製品は、いつ頃から普及してきたのでしょうか。**<br>T：まず、1つ例を示します。電気洗濯機です。<br>**ここでのポイント▶電気洗濯機の普及率を予想させながら5年ごとに示し、変化をつかませる。❶** |
| ❶ | T：1960年の普及率は、何％ですか。<br>C：40％です。<br>T：電気洗濯機は、いつ頃普及率が100％に近づいたでしょうか。予想しましょう。<br>C：1990年頃だと思います。<br>T：5年ずつ見ていきます。100％に近づいたのは、1975年頃だったことがわかります。電気洗濯機は、あっという間に普及したといえます。<br>T：続いて、電気冷蔵庫はどうですか。予想してみましょう。<br>C：電気洗濯機よりも普及は早かったと思います。<br>T：これも5年ごとに見てみましょう。<br>（同様に解説しながら提示する。❷） |
| ❷ | T：それでは、【カラーテレビ、乗用車、ルームエアコン、ビデオテープレコーダー、パソコン、ビデオカメラ】の普及率について予想します。**今言った6つの中で、2013年に普及率が80％を越えているものが3つあります。また、普及率が50％以下のものが1つあります。予想して発表しましょう。**<br>**ここでのポイント▶それぞれの工業製品の普及率の変化を確かめる際には、普及率の数値だけでなく、グラフの傾き（普及の速さ）にも目を向けるようにする。** |
| ❸ | C：カラーテレビは、今ではどこの家庭にもあるから100％に近いはずです。<br>C：乗用車も、一家で2台持っているところもある。90％ぐらいかな。<br>C：エアコンも、ずいぶん普及していると思います。でも、気候によっては必要のない地域もあるかもしれません。<br>C：パソコンは、お父さんが使っています。どの家にもあると思います。<br>T：それでは、1つずつ普及率を確かめていきましょう。❸ |

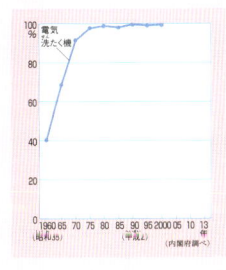

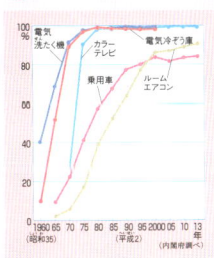

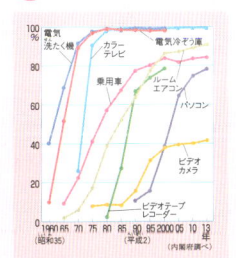

43

第2章 社会科重要資料の指導法 30選

# 15 工業生産❷
## 日本の工業生産額の変化

資料集「1 くらしの中の工業生産」

**資料の読み解き**

### 日本の工業生産額の変化

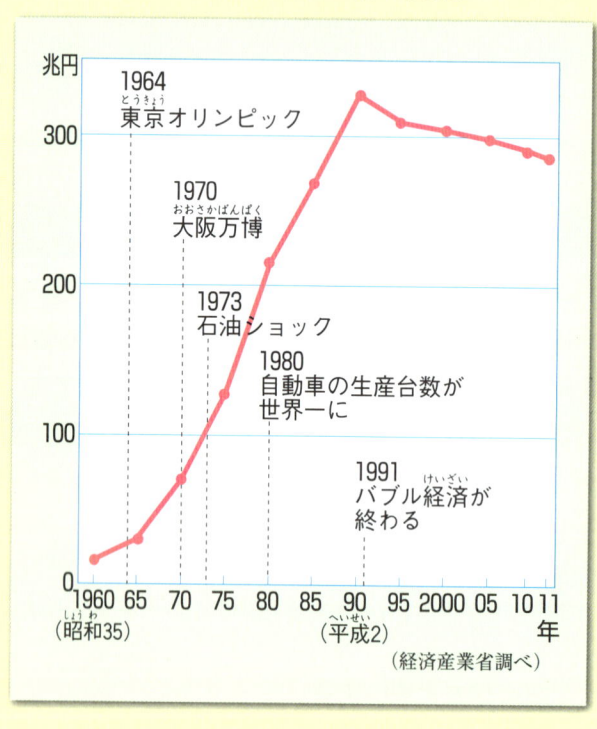

- 1964 東京オリンピック
- 1970 大阪万博
- 1973 石油ショック
- 1980 自動車の生産台数が世界一に
- 1991 バブル経済が終わる

（経済産業省調べ）

　**こ**のグラフは、昭和時代の高度成長期から現在までの工業生産額の変化を表したものである。日本の半世紀あまりの経済の変化が、節目となる特徴的な出来事と共に表記されている。

　この折れ線グラフの変化は、1960年から高度成長で生産額が増え続けた約30年間と、バブル経済終焉後に生産額が減り続けている約20年間に大別される。高度経済成長期は、電気冷蔵庫・カラーテレビ・自動車といった生活に身近な工業製品がどんどん普及し、工業生産額も5年間で倍増した時代である。その結果、1965年からの25年間で工業生産額は約10倍に伸びた。それが1990年前後から、工業生産額がゆるやかに低下し始める。これは自動車をはじめとする多くの工場が、海外での現地生産を増やしていった時期と重なる。大きな2つの変化から、その背景を考えさせることができるグラフである。

　このグラフを読み取らせるには、グラフの変化を効果的に提示することがポイントとなる。たとえば1960年から5年ごとに提示し、グラフの傾きから工業生産額が1990年まで急激に伸びていることを実感させる。その際、具体的に1960年と1990年代の数値から、およそ何倍になったか読み取らせて、さらに理解を深めさせたい。また、「東京オリンピック」「自動車生産台数世界一」「バブル経済」といったキーワードと関連付けてその変化の背景を考えさせることで、より深い読み取りが期待できる。

## 授業展開例

「工業生産② 日本の工業生産額の変化」

| グラフの状態 | 授業の展開 |
|---|---|
| | （③「家庭で使う工業製品の普及率」を取り上げ学習した上で）<br>T：年を追うごとに様々な工業製品が私たちの暮らしの中で、利用されるようになってきましたね。<br>T：**これら全てを合わせた日本の工業生産額は、どのように変わっているでしょうか。**<br>C：1980年までに洗濯機や冷蔵庫、カラーテレビの普及率がほぼ100％となったから、ぐんと増えていると思います。<br>C：乗用車やルームエアコンの割合も増えてきているから、1980年の後も増えているんじゃないかな。<br>C：全部合わせるとどれくらいの生産額になるのかな。<br>T：グラフを見ます。1960年の工業生産額はどれくらいですか。❶<br>C：だいたい15兆円です。<br>**ここでのポイント▶グラフは5年ごとに1990年まで表示したらいったん止め、気付いたことを発表させる。**<br>C：1965年には30兆円ぐらいかな。およそ2倍に増えているね。❷<br>C：1970年までには急に増え始めたね。<br>C：1980年には自動車の生産台数が世界一になっているね。<br>C：1990年には300兆円を超えたよ。ものすごく多いね。❸<br>T：1965年から90年までの25年間で約何倍に増えていますか。<br>C：約10倍に増えています。<br>T：**約10倍までに増えたのはどうしてだと思いますか。**<br>C：東京オリンピックが開かれて、それを見るためにテレビが必要だったからだと思います。<br>C：自動車生産台数が世界一になったから、生産額が増えたのではないかな。<br>C：電気冷蔵庫、カラーテレビ、自動車といった身近な工業製品が、たくさん私たちの暮らしの中に広がっていったからだと思います。<br>T：高度経済成長と呼ばれるこの時期は、日本の工業生産額が急激に増えた時期です。<br>T：1990年から後の変化を見ます。<br>**ここでのポイント▶5年ずつ表示していく。**<br>C：上昇が止まって、減り始めたぞ。❹<br>C：その後少しずつ減って、今は300兆円を下回ったね。<br>T：**1990年から後はどうして減ったと思いますか。**<br>C：もう多くの物が広まってしまったから、減ったのかな。<br>C：バブル経済が終わり、少なくなったのかな。<br>T：1991年には、土地や株の価格が本来の価値よりも大きく膨れあがったバブル経済が終わり、物が売れなくなる不景気になりました。2000年代になると日本の多くの工場が海外で生産を始めるようになりました。これらのことが工業生産額が減ったことと関係しています。工業製品の広まりと共に、日本の工業生産額はどうなったといえるか、ノートにまとめましょう。|

# 第2章 社会科重要資料の指導法 30選

## 16 工業生産❸ おもな国の自動車生産台数の変化

資料集「3 日本の自動車工業」

### 資料の読み解き

**おもな国の自動車生産台数の変化**

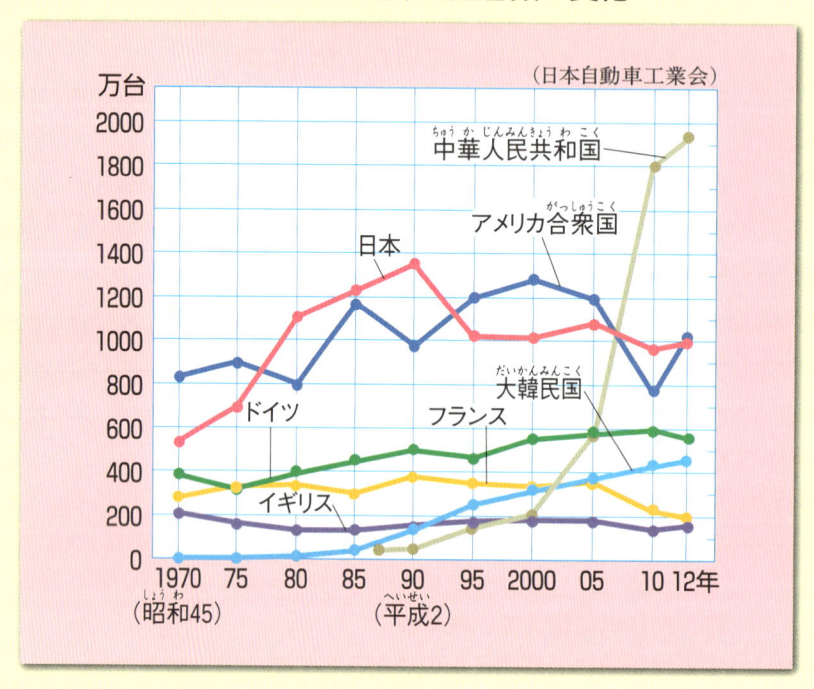

(日本自動車工業会)

中華人民共和国／アメリカ合衆国／日本／ドイツ／フランス／大韓民国／イギリス

1970(昭和45)〜1990(平成2)〜2012年

　このグラフは、各国の自動車生産台数の変化を比較することで、日本の40年あまりの自動車生産の変化を理解させるものである。

　日本の自動車生産台数の変化のグラフは、1970年から1990年までの増加期、1990年からの減少期、そして1995年から現在に至るまでの安定期の3つに分かれる。増加期では、ドイツやフランスとそれほど差がなかった日本だが、需要の高まりによって1980年前後にはアメリカ合衆国を抜き、生産台数が世界一となった。それが1990年前後のバブル経済が終わってからは、一転して減少となった。また、この頃から海外工場での自動車の現地生産が増え始めた。1995年以降、日本での生産台数は一定数にとどまっているが、これは先の海外での現地生産の伸びと関わりがあり、中華人民共和国の変化とも関連がある。

　この読み取りでは、まず、1970年から1990年まで5年ごとの各国のグラフの変化を比べる。そして、この時代に日本が急激に生産台数を増やし、アメリカ合衆国を抜いて世界一の自動車生産国になったことを理解させる。その際、日本のグラフだけを提示し、2つの年代の比較からその伸びを具体的な数値で確認させる（例：1975年と1990年では約2倍の伸び）。その後減少し、1000万台前後で推移しているが、中華人民共和国が急激に伸びていることに注目させる。日本が海外での現地生産台数を伸ばしていることと関連付けて理解させたい。

## 授業展開例

「工業生産③　おもな国の自動車生産台数の変化」

| グラフの状態 | 授業の展開 |
|---|---|

❶

T：アメリカの自動車生産台数の変化を1970年から1990年まで見ます。わかることは何ですか。❶

**ここでのポイント▶**アメリカの生産台数を5年ごとに1990年まで表示し、どのように変化するか予想させながら進める。

C：1985年には約1200万台、1990年は約1000万台生産しています。
C：1970年に比べると生産台数は200万台以上増えています。

❷

T：ヨーロッパ3カ国の生産台数の変化も見ましょう。❷
C：1990年の生産台数はドイツ約500万台。フランス約400万台、イギリス約200万台です。
C：20年間でドイツは100万台増加。フランス、イギリスはあまり変化していません。

T：アメリカはたくさんの自動車を生産し、自動車大国といわれています。
T：日本はどのあたりに入ってくると思いますか。1990年当時の人口はアメリカ2億5千万人、ドイツ8千万人、フランスとイギリスはそれぞれ6千万人弱、日本1億2千万人です。

❸

C：人口から考えると、日本はアメリカとドイツの間ぐらいに入りそうだね。
C：日本の自動車産業は発達しているから、アメリカと同じくらいかな。

**ここでのポイント▶**日本のグラフを1990年まで5年ごとに重ねて表示し、どのように変化するか予想させながら進める。

T：日本の自動車生産台数の変化を見ていきます。わかることは何ですか。❸
C：80年から90年にかけてアメリカを抜いて世界一になった！
C：1990年の生産台数は約1400万台。1970年と比べて生産台数は3倍近くだ。
C：人口3億人のアメリカより生産台数が多いね。

❹

T：日本の自動車生産は20年間で大きく進歩しました。国内だけでなくアメリカをはじめとする世界各地にたくさん輸出されました。1990年以降をイギリスから順に見ていきます。どのように変化していますか。❹
C：日本は1995年になると一気に400万台近く減ったね。なぜだろう。
T：日本の自動車会社は海外での生産を増やしたので、国内での生産が減ったのです。

❺

T：アジア2カ国の変化について、日本、アメリカと比較しながら見ていきます。❺
C：韓国の生産台数は1970年以降40年間増え続けています。
T：人口5000万人の韓国は、フランス、イギリスを抜きドイツに迫る勢いです。

❻

**ここでのポイント▶**アメリカ、日本、韓国のグラフに中国のグラフを5年ごとに重ねて表示し、生産台数の急激な増加を読み取らせる。

T：中国は1987年から統計があります。どのように増えていますか。❻
C：2005年から2010年の5年間で1200万台も増えている！
T：中国の自動車生産台数が近年急激に伸びました。中国の自動車生産台数は、13億人という人口から考えて今後も伸びるだろうと予想されています。

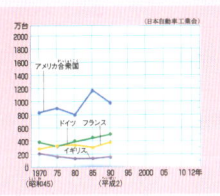

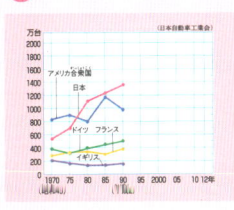

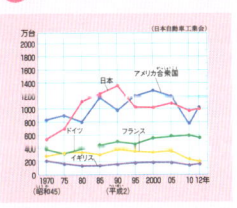

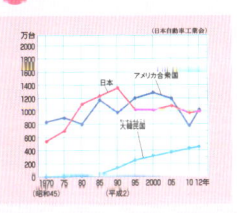

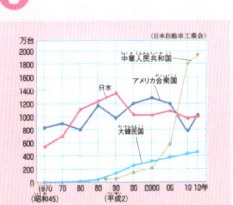

47

| 第2章　社会科重要資料の指導法 30選

## 17 工業生産❹ 日本の自動車の生産台数と輸出台数

資料集「3 日本の自動車工業」

**資料の読み解き**

**日本の自動車の生産台数と輸出台数**

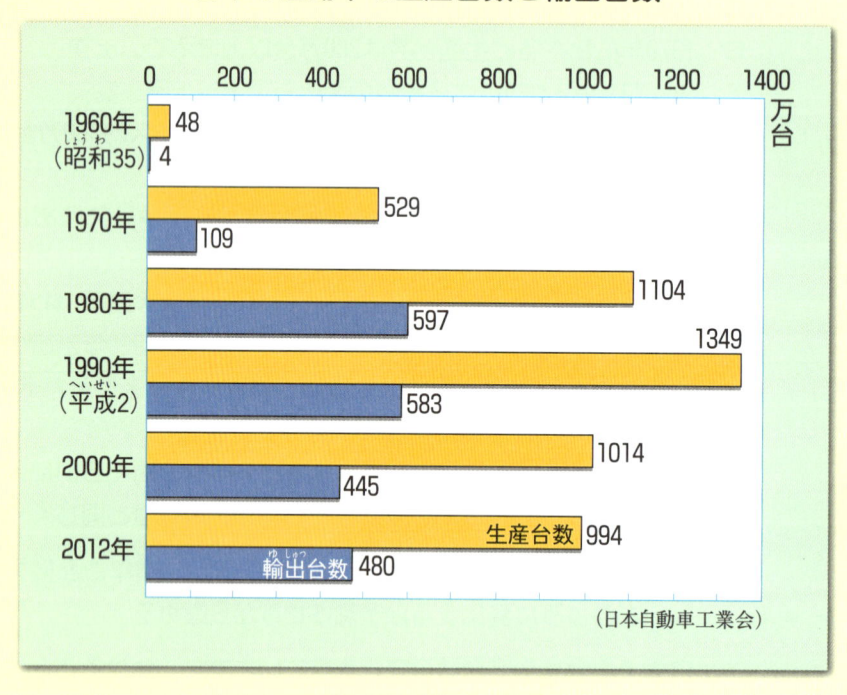

| 年 | 生産台数（万台） | 輸出台数（万台） |
|---|---|---|
| 1960年（昭和35） | 48 | 4 |
| 1970年 | 529 | 109 |
| 1980年 | 1104 | 597 |
| 1990年（平成2） | 1349 | 583 |
| 2000年 | 1014 | 445 |
| 2012年 | 994 | 480 |

（日本自動車工業会）

　このグラフは、日本の自動車の生産台数と輸出台数を、10年刻みで棒グラフとして表したものである。具体的な数値が明記されており、台数を実感しやすい点が特徴である。

　まず生産台数に目を向けると、10年ごとの変化には違いがある。1960年から1970年にかけては約500万台増え、そのペースは1980年まで続く。1990年にピークを迎えるものの、2000年と2012年は1000万台前後に減っている。輸出台数も生産台数の傾向と基本的には同様である。特に、1990年以降は海外で現地生産する自動車工場も増えたことが、生産台数と輸出台数が一時期より減った理由の1つである。また、生産台数と輸出台数を比べていくと、生産台数が一番多い1990年に、輸出台数が1980年より少なくなっている。これは輸出される台数が増えた1980年代に、外国から貿易の不均衡の是正を求められたためである。

　このような読み取りのために、まずは種類別にグラフを提示して、生産台数、輸出台数の10年ごとの増減を確認する。その際、違いが大きいところに着目させて、「輸出台数が1970年から1980年まで500万台近く増えている」と具体的な数値でとらえさせる。また、生産台数に比べた輸出台数の割合に注目させ、1980年が他の年度と異なり生産台数の半分以上が輸出されていることに気付かせる。また、1990年以降は生産台数も輸出台数も減っていることを、先の理由と関連付けてより一層理解を深めるようにしたい。

# 授業展開例

「工業生産④　日本の自動車生産台数と輸出台数」

| グラフの状態 | 授業の展開 |
|---|---|
| | （事前に、日本で生産された自動車が世界各地に輸出されていることを押さえておく）<br>T：日本の自動車生産台数（黄色）と、輸出台数（青色）を表したグラフです。<br>T：1960年から1980年までの20年間の変化を見ていきます。**生産台数はどのように変化していますか。**❶ |
| ❶ | **ここでのポイント▶**「年別表示」で生産台数と輸出台数を順に表示し、関係を読み取らせる。<br>C：60年から10年ごとに、およそ500万台ずつ増えています。<br>T：次に輸出台数を重ねていきます。どのように変化していますか。<br>C：60年〜70年は約2.5倍以上、70年〜80年の10年間では約5倍以上増えています。<br>T：**1980年の生産台数と輸出台数を比べ、どうなっていますか。**❷<br>C：生産台数1104万台のうち、約50％の597万台が輸出されています。<br>T：60年から80年にかけて生産台数、輸出台数とも年々増加しました。1980年には生産台数の約50％が海外に輸出されるまでになりました。<br>T：**1990年の生産台数はさらに増えます。輸出台数はどう変化するか予想しましょう。**❸ |
| ❷ | |
| ❸ | **ここでのポイント▶**「年別表示」で提示し、1990年を境に変化が見られることを読み取らせる。これまでの傾向などを根拠に、予想させながら進める。<br>C：80年から90年にかけて生産台数が240万台増えているので、輸出台数も同じように増えると考えました。<br>C：1980年は生産台数の50％が輸出されているから、同じようになるのでは。<br>T：1990年の輸出台数を重ねてみます。どのように変化していますか。❹<br>C：14万台減った！<br>T：輸出台数のグラフを2012年まで全て表示します。<br>C：2000年までの10年間で100万台近く減っています。<br>T：**1990年以降の生産台数はどう変化するか予想しましょう。**<br>C：輸出台数が減っているから生産台数も減ると思います。<br>C：2012年は生産台数もまた増えると思います。<br>T：生産台数のグラフを2012年まで全て表示します。❺<br>C：1990年から20年間で約350万台も減っています。<br>T：1990年をピークに日本の自動車生産台数、輸出台数は減少しています。 |
| ❹ | |
| ❺ | **ここでのポイント▶**グラフ全体を俯瞰し、日本の自動車生産台数のうち、輸出台数が大きな割合を占めていることをグラフから読み取らせる。<br>T：**生産台数に占める輸出台数の割合は、1980年以降大きな変化はありますか。**<br>C：1990年は1349万台中583万台、2012年は994万台中480万台輸出しています。<br>C：1980年以降、常に生産台数の約50％は輸出しています。<br>T：**日本で生産された自動車の約50％は海外に輸出されています。1980年以降輸出台数が減り始めたことで、全体の生産台数も減ることになりました。**<br>T：では、1980年以降輸出台数が減り始めた原因は何なのでしょうか。<br>C：日本車の人気がなくなったからかな。<br>T：「海外生産」というキーワードで、原因を探っていきましょう。 |

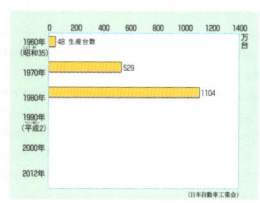

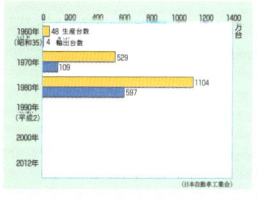

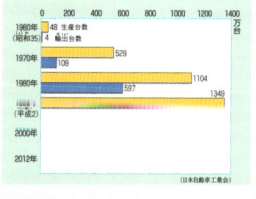

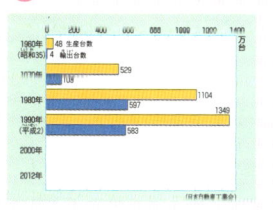

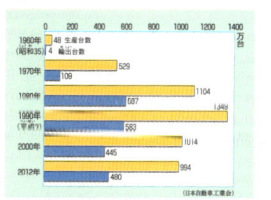

# 第2章 社会科重要資料の指導法 30選

## 18 工業生産❺ 工業地帯・地域別生産額のわりあいの変化

資料集「6 工業のさかんな地域」

### 資料の読み解き

**工業地帯・地域別生産額のわりあいの変化**

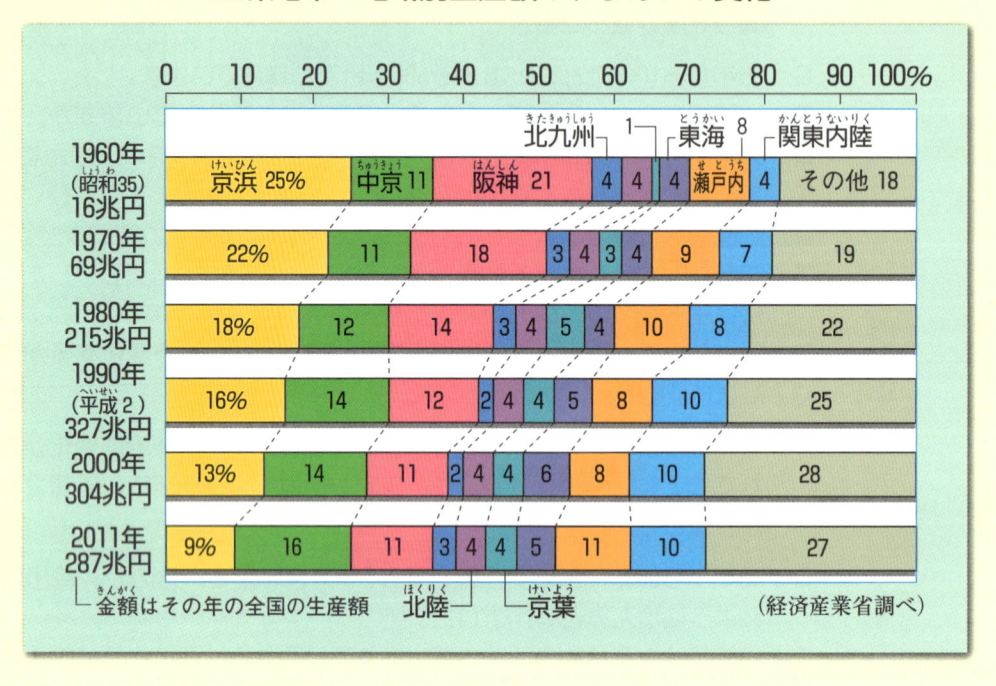

| 年 | 京浜 | 中京 | 阪神 | 北九州 | 北陸 | 京葉 | 瀬戸内 | 東海 | 関東内陸 | その他 |
|---|---|---|---|---|---|---|---|---|---|---|
| 1960年（昭和35）16兆円 | 25% | 11 | 21 | 4 | 1 | 4 | 4 | 4 | 8 | 18 |
| 1970年 69兆円 | 22% | 11 | 18 | 3 | 4 | 3 | 4 | 9 | 7 | 19 |
| 1980年 215兆円 | 18% | 12 | 14 | 3 | 4 | 5 | 4 | 10 | 8 | 22 |
| 1990年（平成2）327兆円 | 16% | 14 | 12 | 2 | 4 | 4 | 5 | 8 | 10 | 25 |
| 2000年 304兆円 | 13% | 14 | 11 | 2 | 4 | 4 | 6 | 8 | 10 | 28 |
| 2011年 287兆円 | 9% | 16 | 11 | 3 | 4 | 4 | 5 | 11 | 10 | 27 |

金額はその年の全国の生産額　（経済産業省調べ）

　このグラフは工業の盛んな地帯・地域の生産額の割合を表したものである。1960年からの50年間の変化が示されている。

　日本では工業地帯や工業地域の多くは、太平洋ベルトと呼ばれるところに集まっている。上記のグラフで割合の大きい「京浜」「中京」「阪神」も太平洋ベルトに位置している。それらは、東京・横浜・名古屋・大阪・神戸といった大都市とその周辺にある。このことから、大都市の多くの労働者と消費者が工業を支えていることがわかる。ただ、この3つの工業地帯の生産額の割合は年々減ってきている。1960年には合わせて57%の生産額があったが、2011年には36%にまで減っている。これは先の工業地帯以外の工業地域の生産が伸びていることを物語っている。

　これらのことを読み取らせるために、まずは色別の工業地帯や地域を、教科書などにある工業が盛んな地域の日本地図で位置を確認する。ここで、日本で生産額が多い工業地帯（京浜、中京、阪神）や地域（瀬戸内）を2011年の割合数値から押さえる。また、地名の意味（京浜は東京と横浜）から、大都市の人々が働いたり、消費したりしていることも教える。さらに、京浜工業地帯と阪神工業地帯の割合が一貫して減り続けていることに着目させ、日本の他の地域の工業地帯の生産が伸びていることを理解させる。ただし、京浜工業地帯、阪神工業地帯とも1960年から1990年までは生産額自体は増えていることに留意する必要がある。

## 授業展開例

「工業生産⑤　工業地帯・地域別生産額のわりあいの変化」

| グラフの状態 | 授業の展開 |
|---|---|
| | （地図帳、または教科書の工業地帯・地域を示した地図を用意しておく） |

❶

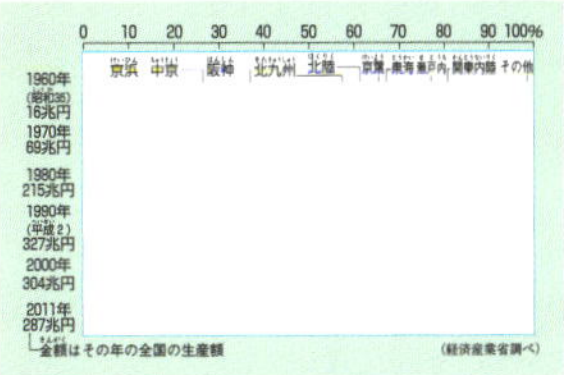

T：グラフの工業地帯・地域の位置を確かめます。京浜工業地帯はどこですか。地図で指さしましょう。❶
C：東京都と神奈川県の間に広がっているよ。
T：中京工業地帯はどこですか。
C：名古屋市の周りにあります。
T：他の工業地帯・地域の場所も確かめましょう。

> **ここでのポイント**▶グラフに表示された工業地帯・地域の位置を地図で確かめ、周辺の都道府県や都市を確認する。

❷

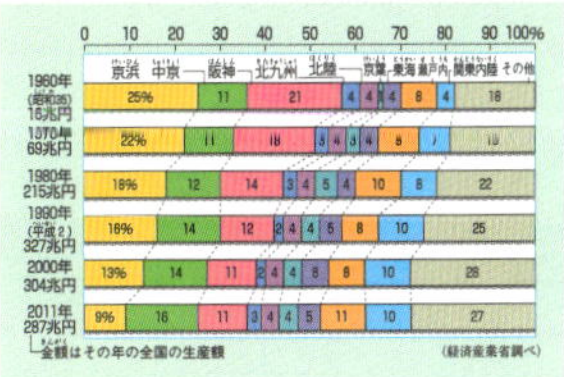

T：2011年の生産額の割合を見ましょう。多いのはどこですか。❷
C：中京工業地帯です。
C：次は、阪神工業地帯と瀬戸内工業地域です。どちらも11％です。
T：昔にさかのぼって、割合の変化を調べましょう。このグラフの最初は何年ですか。
C：1960年です。

> **ここでのポイント**▶全てを表示させ2011年の割合を確かめた後で、1960年から順に表示することによって、約50年間の割合の変化に気付かせる。❸❹❺

❸

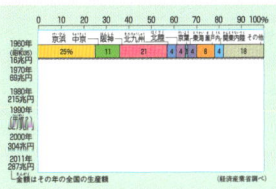

T：1960年には工業地帯は全体のどのくらいの割合を占めていますか。
C：京浜が一番多くて全体の4分の1です。
C：京浜、阪神、中京の3つで、全体の半分以上を生産しています。
T：京浜とは東京と横浜から、阪神とは大阪と神戸から付いた名前です。大都市から近いので働く人も多く、工業製品を買う人もたくさんいました。
C：だから、生産の割合が多かったんだね。
T：次は、1970年の割合です。どのように変わりましたか。

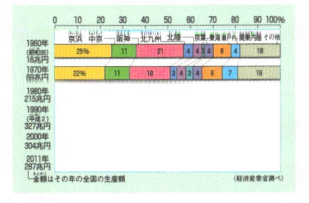

❹

C：京浜、阪神が減りました。
C：京葉、関東内陸が増えているよ。
C：1980年には、中京の割合が増えてきています。
T：**生産額の割合は、全体にどのように変化してきましたか。**
C：3つの工業地帯の割合は、半分から3分の1へと減りました。
C：工業地域の割合は、全体で1.5倍に増えています。

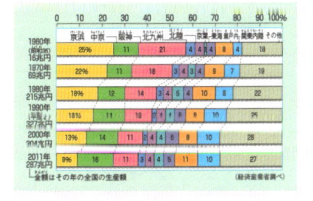

❺

C：その他の割合も増えているね。
T：**工業地帯の生産の割合が減ったのは、なぜでしょう。**
C：日本全体で工業が盛んになったからだと思います。
C：工業地帯では、新しい工場を作る場所がなくなったから、日本の各地に工場が広がったのだと思います。
T：工業地帯の「生産額」は、減りましたか。
C：全国の生産額から考えると、増えていると思います。
T：この50年の間に工業地帯の割合が減って、各地の工業地域の割合が大きくなりました。生産額自体は増えているのですが、工業地域の方がより多く増えたといえます。次は、「各工業地域の特色」を調べましょう。

# 第2章 社会科重要資料の指導法 30選

## 19 工業生産❻ 工業の種類別の生産額のわりあいの変化

資料集 「6 工業のさかんな地域」

### 資料の読み解き

**工業の種類別の生産額のわりあいの変化**

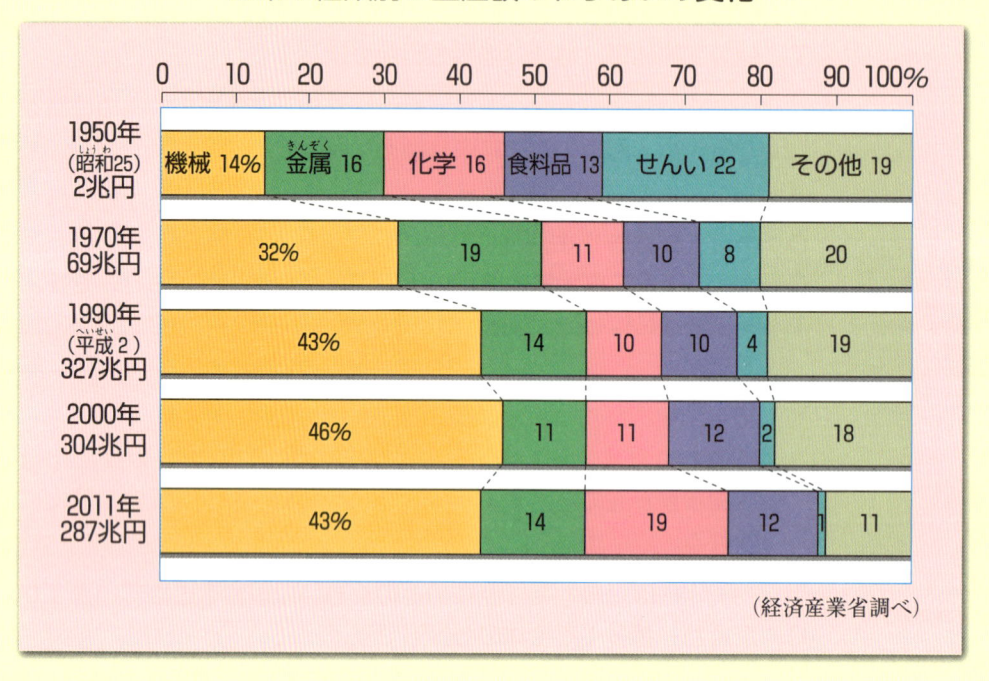

| 年 | 機械 | 金属 | 化学 | 食料品 | せんい | その他 |
|---|---|---|---|---|---|---|
| 1950年（昭和25）2兆円 | 14% | 16 | 16 | 13 | 22 | 19 |
| 1970年 69兆円 | 32% | 19 | 11 | 10 | 8 | 20 |
| 1990年（平成2）327兆円 | 43% | 14 | 10 | 10 | 4 | 19 |
| 2000年 304兆円 | 46% | 11 | 11 | 12 | 2 | 18 |
| 2011年 287兆円 | 43% | 14 | 19 | 12 | 1 | 11 |

（経済産業省調べ）

　このグラフは、戦後から現在までの60年余りの日本で盛んな工業の変化を表したものである。その数値からそれぞれの時代の工業の特色を読み取ることができる。

　まずは、1950年から1990年までの変化の大きさに着目したい。1950年には、戦前から盛んだった繊維工業の割合が一番高いが、それが1990年までの40年間で衰退し、代わりに機械工業が発展する。その流れは現在まで続く。次に重化学工業（機械・金属・化学など）と軽工業（食料品・せんいなど）という分類で見ていくと、1950年には重化学工業が50％に満たなかったが、徐々に増え続けて2011年には70％以上の割合を占めており、日本の工業の中心になっていることがわかる。また、工業生産額に注目すると、1990年までは驚異的な増加をしてきたが、それ以降は減っている。これは海外での現地生産の影響が大きい。

　このグラフの読み取りでは、まずは1950年、1970年、1990年のグラフを順に示し、繊維工業が急激に減り、機械工業が伸びていることに気付かせる。次に重化学工業と軽工業の視点からグラフ全体を見せ、現在まで重化学工業の割合が増え続けていることを理解させる。同時に、工業生産額にも着目させ、高度成長期に急増しているものの、ここ20年は伸びが止まっていることを読み取らせる。そして、その理由を考えさせ、学習を深めていく。

## 授業展開例

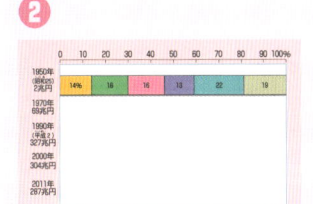

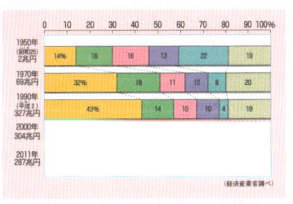

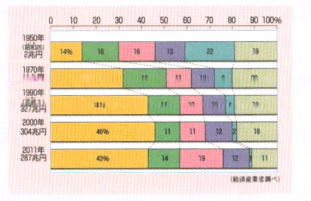

「工業生産⑥　工業の種類別の生産額のわりあいの変化」

| グラフの状態 | 授業の展開 |
|---|---|
| ❶ | （事前に、それぞれの工業にはどのようなものが含まれるのかを押さえておく）<br>T：この資料は、1950年から2011年までの5種類の工業とその他に含まれる工業の割合を表しています。まず、機械と繊維だけに注目してみましょう。1950年のそれぞれの割合を答えましょう。❶❷<br>C：1950年は、機械は14%、繊維は22%です。<br>T：では、1970年と1990年の割合はどうですか。 |
| ❷ | **ここでのポイント▶** 機械と繊維の割合の変化に注目させるために20年ごとに提示し、それぞれの割合を答えさせる。❸<br>T：この60年の間にいえることは何ですか。<br>C：繊維の割合がかなり減り、機械の割合が大きくなっているといえます。<br>T：この割合はこれ以後も変わりません。では、次は機械・金属・化学を重化学工業、食料品・繊維を軽工業と分類して、割合の変化を見てみましょう。❹ |
| ❸ | **ここでのポイント▶** 2つに分類した工業の割合の変化をつかませるために、全体を提示する。<br>C：重化学工業は増えています。軽工業は減っています。<br>C：重化学工業は、1950年は50%より少なく、1970年からは50%を越しています。<br>C：2011年には、70%を越しています。<br>C：日本の工業の中心になっているといえます。<br>T：次に、生産額に注目してみましょう。それぞれの年の生産額を答えましょう。<br>C：1950年は、2兆円です。 |
| ❹ | **ここでのポイント▶** 生産額の変化だけに注目させるために、割合のグラフは提示せず、生産額を答えさせていく。❺<br>T：大きく変化しているのは何年から何年ですか。また、約何倍になっていますか。<br>C：1950年から1970年です。30倍になっています。<br>C：1970年から1990年です。約5倍になっています。<br>T：1990年以降はどうなっていますか。<br>C：減っています。 |
| ❺ | T：1950年からの40年間は増加、それ以後の20年間は減っていますね。なぜ生産額は減っているのだと思いますか。<br>**ここでのポイント▶** 工業の種類とも関連して考えさせるために、資料全体を提示し考えさせる。❻ |
| ❻ | C：自動車のように、現地生産を行うようになったからだと思います。<br>T：1950年から1990年を高度成長期といいます。「日本の工業の割合は」という言葉を使ってまとめましょう。<br>C：日本の工業の割合は、軽工業から重化学工業が中心に変わってきました。しかし、高度成長期以後の20年間は海外での生産が増えたため、国内の生産額は減ってきています。 |

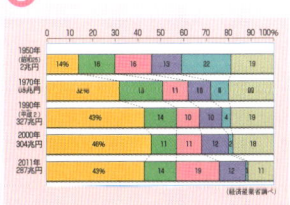

53

# 第2章 社会科重要資料の指導法 30選

## 20 工業生産❼ 工場のきぼ別の工場数・働く人の数・生産額

資料集 「7 工場で働く人々」

### 資料の読み解き

**工場のきぼ別の工場数・働く人の数・生産額**

| 区分 | 小工場(29人以下) | 中工場(30〜299人) | 大工場(300人以上) |
|---|---|---|---|
| 工場の数（39.3万） | 89% | 10 | 1 |
| 働く人の数（779.6万人） | 29% | 42 | 29 |
| 生産額 287兆3152億円 | 12% | 37 | 51 |

2011年（経済産業省調べ）

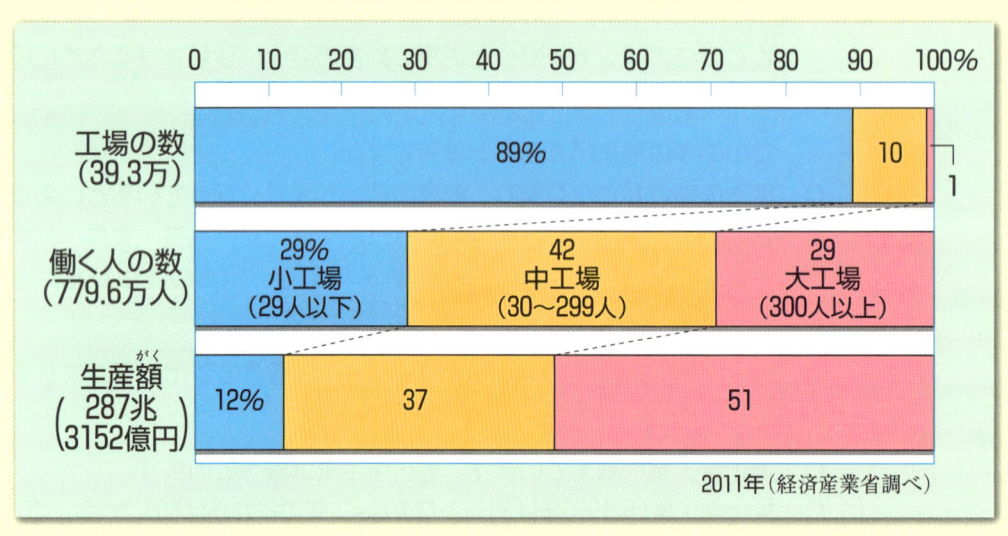

　このグラフは、日本における大工場・中工場・小工場の規模別による生産状況の違いを表したものである。特に中小工場の現状を知るのに役立つグラフである。

　数値からわかるように、日本の工場の数では圧倒的に小工場が多く、大工場は全体の1％に過ぎない。中工場も併せて、日本の工場のほとんどは中小工場が支えていることがわかる。しかし、生産額となると大工場が半分以上を占めており、小工場に至ってはわずか12％である。働く人の数の視点で見ても、3割が働く小工場の生産額が1割程度で、ほぼ同人数の割合の大工場の生産額が5割である。この生産性の違いは際立っており、日本工業の現実を表している。

　グラフの見方として、「工場の数」「働く人の数」「生産額」のそれぞれの視点から見る方法と、「大工場」「中工場」「小工場」の規模別に違いを見ていく方法の2つがある。最初に前者の視点で読み取りをしていく。1項目ずつ提示しながら丁寧に見ていくことで、「日本は小工場が圧倒的に多い」といった事実をつかむことができる。3つの項目で読み取った後、改めて規模別の視点で見ていく。「大工場は1％なのに生産額は半分以上だ。機械化が進んでいるからではないか」「小工場は働く人の割合が大工場と同じなのに、生産額は12％だ。部品生産が多いからではないか」といった推測をさせ、次の学習につなげていきたい。

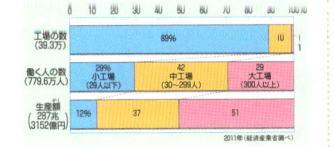

## 授業展開例

「工業生産⑦　工場のきぼ別の工場数・働く人の数・生産額」

| グラフの状態 | 授業の展開 |
|---|---|
| ❶ | (事前に、働く人の人数によって小工場、中工場、大工場に分類されていることを押さえておく)<br>T：工場の規模別の工場数、働く人の数、生産額を調べます。❶<br>T：**工場の数の割合が大きいのは小工場、中工場、大工場のどれですか。それは、どうしてですか。**<br>C：近くの工業団地には100人ほど働く工場が多いから、中工場だと思います。<br>T：工場数の割合のグラフを見ます。どんなことがわかりますか。❷<br>C：小工場が一番多くて、89%を占めています。<br>C：大工場は、たったの1%しかありません。 |
| ❷ | **ここでのポイント▶工場の数、働く人の数、生産額の順に表示させ、その都度気付いたことを発表させる。**<br>T：働く人が一番多いのはどの種類の工場だと思いますか。<br>C：小工場の数がすごく多いから、働く人も多いと思います。<br>C：大工場は規模が大きいから、数が少なくても働く人は多いと思います。<br>T：(働く人の数を表示させ❸、)どんなことがわかりますか。<br>C：働く人の数は中工場が多くて、42%を占めています。<br>C：大工場と小工場は、働く人の数の割合が同じです。<br>T：今度は、生産額の割合を見てみましょう。一番多いのは、どの工場だと思いますか。 |
| ❸ | C：小工場の数は、全体の89%もあったから、生産額も多いと思います。<br>C：大工場は、数は少なかったけど働く人は小工場と同じくらいいるから、生産額は意外と多いかも知れません。<br>T：それでは、グラフで確かめましょう。❹<br>C：大工場が一番多くて、51%もあります。<br>C：小工場は生産額では、全体の12%しかありません。<br>T：**小工場や大工場の「数」「働く人」「生産額」には、どんな特徴があるといえますか。**<br>C：小工場は、数が89%もあるのに、生産額は、12%しかありません。<br>C：大工場は、数が1%しかないのに、生産額は、半分以上を占めています。<br>T：働く人の数と生産額を比べるとどうですか。 |
| ❹ | C：小工場と大工場では、働く人の数は同じくらいなのに、生産額では、大工場が小工場の4倍以上あります。<br>**ここでのポイント▶工場の規模別に「工場の数」「働く人の数」「生産額」に、どのようなつながりがあるかに目を向けさせる。**<br>T：**大工場は数が1%なのに生産額は半分以上を占めています。小工場は大工場と働く人の割合が同じなのに、生産額は12%しかありません。これは、なぜだと思いますか。**<br>C：大工場では、自動車のように完成品を作っているから、生産額が高いのだと思います。<br>C：大工場では機械化が進んでいるから、少人数でたくさん生産ができるのだと思います。<br>C：小工場では、細かい部品を作っているから、たくさんの人が働いているけど、生産額はあまり多くないのだと思います。<br>T：日本では、工場のほとんどは中小工場です。でも、働く人が全体の1%しかいない大工場が、生産額の半分以上を占めています。次は、大工場や中小工場で、人々がどのように働いているかを調べてみましょう。 |

# 第2章 社会科重要資料の指導法 30選

## 21 輸出・輸入❶ 日本の輸出品の変化

資料集 「10 工業生産と貿易」

### 資料の読み解き

**日本の輸出品の変化**

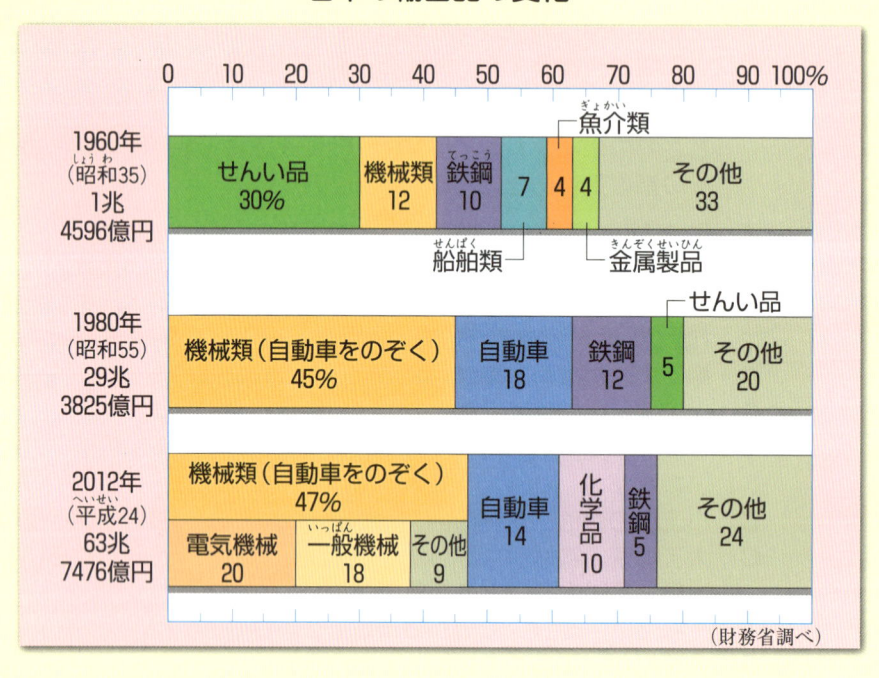

|  |  |
|---|---|
| 1960年（昭和35）1兆4596億円 | せんい品 30％／機械類 12／鉄鋼 10／船舶類 7／魚介類 4／金属製品 4／その他 33 |
| 1980年（昭和55）29兆3825億円 | 機械類（自動車をのぞく）45％／自動車 18／鉄鋼 12／せんい品 5／その他 20 |
| 2012年（平成24）63兆7476億円 | 機械類（自動車をのぞく）47％（電気機械 20／一般機械 18／その他 9）／自動車 14／化学品 10／鉄鋼 5／その他 24 |

（財務省調べ）

　日本の輸出品は1960年と現在では大きく変わっている。その変化の様子をわかりやすく表したのが、このグラフである。

　3つの年度で割合の高い輸出品を見ていくと、1960年には当時盛んだった繊維品の割合が高い。それが1980年になると、機械類と自動車の割合が高くなり、繊維品が激減している。これは日本で盛んな産業が20年間ですっかりと変わったことを物語っている。さらに現在では機械類・自動車の他に、化学品や工業製品の輸出も増えている。特に家庭で使われる電気製品や自動車のように、日本の高い技術に支えられた製品が、広く世界に輸出されている。そしてその機械類の輸出額は世界でもトップクラスであり、日本の工業を支えている。

　以上のことを読み取るためには、3つのグラフを2つずつ比較しながら、特色を考えさせるようにする。たとえば1960年と1980年を比べると、30％を占めていた繊維品が1980年には5％になっていることや、機械類や自動車が一気に増えていることに気付くであろう。次に、1980年と12年を比べさせ、電気機械・自動車・化学品など、私たちの生活に欠かせないものが輸出でも多いことを理解させる。また、輸出額が2倍以上になっていることに注目させる。この数値は世界でもトップクラスであり、日本が世界における輸出大国であることをこのグラフで教えていきたい。

## 授業展開例

「輸出・輸入① 日本の輸出品の変化」

| グラフの状態 | 授業の展開 |
|---|---|
| ❶ | T：これは、1960年、1980年、2012年の輸出額の総額と輸出品を金額の割合を示したグラフです。❶ |
| | T：1960年で金額の割合が最も大きいのは何ですか。❷ |
| | C：繊維品です。 |
| | T：では、**繊維品の割合は、20年後も増えていますか。**❸ |
| | C：いいえ、減っています。 |
| ❷ | T：では、最も割合が増えた輸出品は何ですか。 |
| | C：自動車を除く機械類です。 |
| | T：その通り。自動車を含めると、機械類は60％を超えていますね。20年間でおよそ何倍になったのでしょうか。 |
| | C：およそ5倍です。 |
| | T：20年間で、なくなった輸出品の項目は何ですか。 |
| | C：船舶類、魚介類、金属製品です。 |
| ❸ | T：1960年と1980年では、輸出品の金額の割合が大きく変化していることがわかります。 |
| | **ここでのポイント▶**2つのグラフを比較し、輸出品の金額の割合が変わったことをとらえさせる。 |
| | T：次に、1980年と2012年を比べましょう。大きく変化したことは何ですか。❹ |
| ❹ | C：繊維品の項目がなくなりました。 |
| | C：化学品の項目が加わりました。 |
| | C：鉄鋼の割合が、半分以下に減りました。 |
| | T：「化学品」というのは、プラスチック製品や医薬品などです。また、「自動車を除く機械類」の中にある「電気機械」とは、原動機やテレビ・ビデオ、家庭用の冷蔵庫や電子レンジなどです。1980年と2012年でも、輸出品の金額の割合が大きく変化していることがわかります。 |
| 資料集 ③ 工業の種類別の生産額のわりあいの変化 | T：**なぜ、輸出品の種類や金額の割合が大きく変化しているのでしょうか。** |
| | C：それは、日本の機械類や自動車、化学品の品質が良いので、外国でよく売れるからだと思います。 |
| | C：日本の技術が進歩して、新しい製品をどんどん生産するようになったからだと思います。 |
| 「6 工業のさかんな地域」より | T：資料集78ｐの③のグラフと比べてみましょう。 |
| | C：生産額は、繊維が減り、機械や化学が増えています。つまり、日本の工業生産の変化に合わせて、輸出品の種類や金額の割合も変化しているのです。 |
| ❺ | T：ところで、輸出額は、どのように増えていますか。❺ |
| | 1960年と1980年ではおよそ20倍、1980年と2012年ではおよそ2倍になっています。現在日本は、輸出額では中国、アメリカ、ドイツに続いて4位、輸出大国です。次は輸入品の変化も見てみましょう。 |
| | **ここでのポイント▶**日本の工業生産の拡大と共に、輸出額が増加していることをとらえさせるために、各年の輸出額の変化にも着目させる。 |

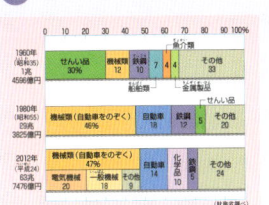

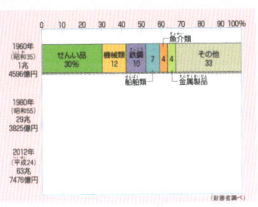

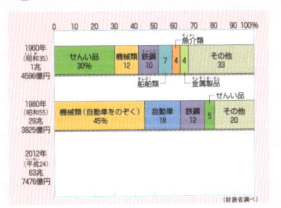

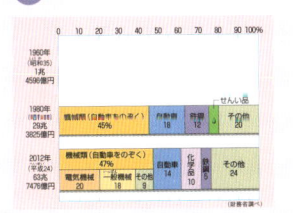

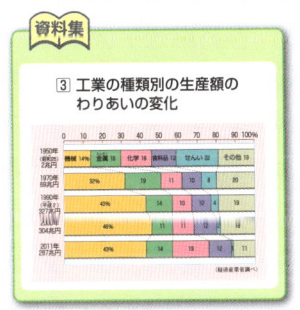

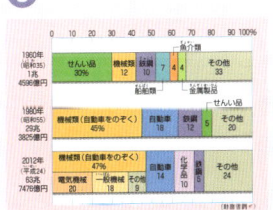

57

# 第2章 社会科重要資料の指導法 30選

## 22 輸出・輸入❷ 日本の輸出品目別のおもな相手国

資料集 「10 工業生産と貿易」

### 資料の読み解き

**日本の輸出品目別のおもな相手国**

電気機械
- 中華人民共和国 24%
- アメリカ合衆国 15
- (香港) 9
- その他 52

自動車
- アメリカ合衆国 33%
- オーストラリア 8
- ロシア連邦 7
- その他 52

一般機械
- アメリカ合衆国 21%
- 中華人民共和国 19
- タイ 8
- その他 52

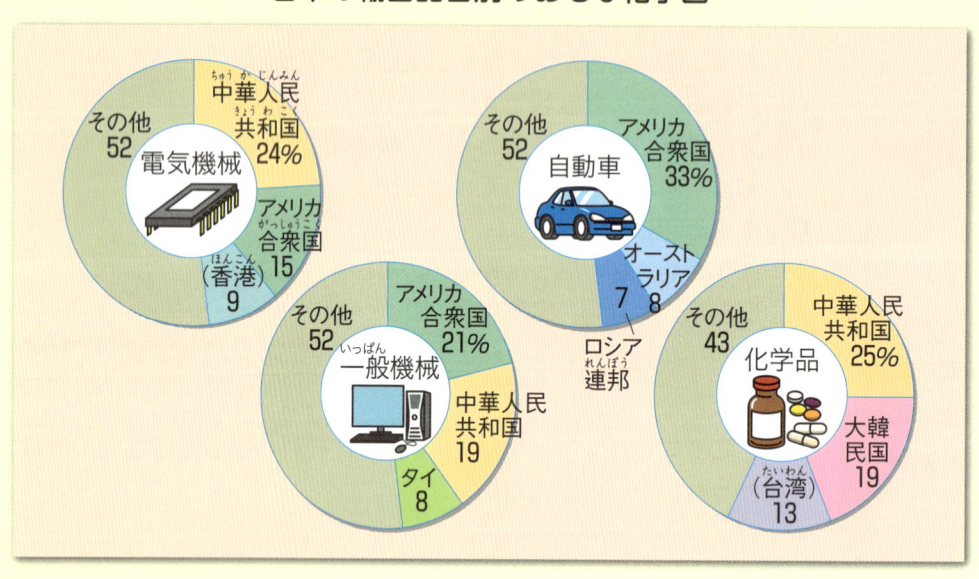

化学品
- 中華人民共和国 25%
- 大韓民国 19
- (台湾) 13
- その他 43

（財務省調べ）

　日本の輸出品目で割合の高い電気機械・一般機械・自動車・化学品の、それぞれの輸出相手国で主なものを表したのが、この4つの円グラフである。

　まず、電気機械と一般機械を見ると、アメリカ合衆国と中華人民共和国だけで全体の4割を占める。他の品目を含め、日本はこの2つの国と貿易のつながりが深いことがわかる。自動車はアメリカ合衆国への輸出が多いものの、その他にオーストラリアやロシア連邦と世界各地に広がっていることがわかる。これは技術の高い日本車が世界に受け入れられていることの表れである。また、化学品は中華人民共和国・大韓民国・台湾というようにアジアの各国に輸出されている。アジアへの輸出自体は、先の国々の他にタイや香港も機械類で示されており、これらのことからアジアに工業発展をしている国が多いことがわかる。

　ここでは4つのグラフが示されているので、読み取りでは1品目ずつ輸出割合の高い国をまずは確認していく。その際、グラフで一国ずつ提示しながら、世界地図の国名に印をつけていく。4品目全てを確認し終えたところ、全体で気付いたことを話し合わせる。アメリカ合衆国と中華人民共和国が輸出国の中で大きな割合を占めていること、アジアの国々と貿易でのつながりが深いことに気付かせる。そして、先のアジアの国々は経済成長が著しく、工業が発展していることを教え、学習を深める。

# 授業展開例

「輸出・輸入② 日本の輸出品目別のおもな相手国」

| グラフの状態 | 授業の展開 |
|---|---|
| | （事前に、日本の工業生産は国民生活を支える重要な役割を果たしていることや、海外にも多くの製品を輸出していることを理解させる） |

**ここでのポイント▶4つのグラフを品目別に、一国ずつ提示しながら、日本の輸出品目の主な相手国や地域の位置を確認させる。**

T：4つの円グラフは、主な日本の輸出品目です。どんな輸出品目がありますか。❶

C：電気機械、一般機械、自動車、化学品です。

T：電気機械のグラフを見ます。2位はアメリカ合衆国です。3位は香港です。地図（教科書巻末等の世界地図やワークシート）に「電」と記入します。では、1位はどこの国だと思いますか。❷

C：中国だと思います。

T：1位は中華人民共和国です。地図に「電」と記入します。

T：次は、一般機械のグラフを見ます。1位はアメリカ合衆国です。3位はタイです。地図に「機」と記入します。では2位はどこの国だと思いますか。❸

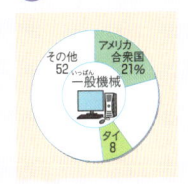

C：中国だと思います。

T：2位は、中華人民共和国です。地図に「機」と記入します。

T：**電気機械と一般機械は、自動車を除く機械類という分類になります。金額では日本の輸出額の半分近くになります。記入した地図を見て、機械類の輸出で気付いたことを発表しましょう。**

C：中国やアメリカへの輸出がすごく多いです。

T：日本の機械類の輸出相手では、中華人民共和国やアメリカ合衆国は、大きな割合を占めています。アジアの国にも多く輸出しています。

T：次は、自動車のグラフを見ます。1位と2位の差がとてもあります。❹

T：では、1位は、どこの国だと思いますか。

C：中華人民共和国かアメリカ合衆国だと思います。

T：1位は、アメリカ合衆国です。2位は、オーストラリア、3位は、ロシア連邦です。地図に「自」と記入します。

T：次に化学品のグラフを見ます。2位は、大韓民国、3位は、台湾です。地図に「化」と記入します。では、1位はどこの国だと思いますか。

C：アメリカか中国だと思います。❺

T：1位は、中華人民共和国です。地図に「化」と記入します。

**ここでのポイント▶4つのグラフと世界地図を提示し、アメリカ合衆国や中華人民共和国が、輸出国の中心であることや、アジア地域とのつながりが深いことをとらえさせる。**

T：**日本の輸出品目の主な相手国を記入した世界地図と全グラフを併せて見ます。資料から主な相手国についてわかることを発表しましょう。**❻

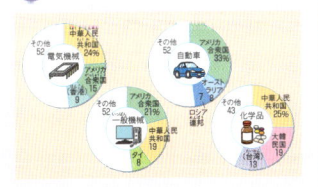

C：日本に近いところ、アジア地域が多いです。

C：アメリカ合衆国、中華人民共和国は、日本の主な輸出品目全てで上位です。

C：自動車は、アジア以外の世界に多く輸出されています。

T：日本の輸出相手国は、全体でも中華人民共和国とアメリカ合衆国が多くを占めています。

T：また、中華人民共和国やタイなどのアジア地域は、工場で使う部品や機械、科学品等の製品を日本などから多く輸入しています。また、工業が発展し、日本の電化製品などもよく売れるようになりました。

T：日本の自動車は、品質が信頼され、世界各国で売れています。

59

# 第2章　社会科重要資料の指導法 30選

## 23 　輸出・輸入❸
## 日本の輸入品の変化

資料集 「10 工業生産と貿易」

### 資料の読み解き

**日本の輸入品の変化**

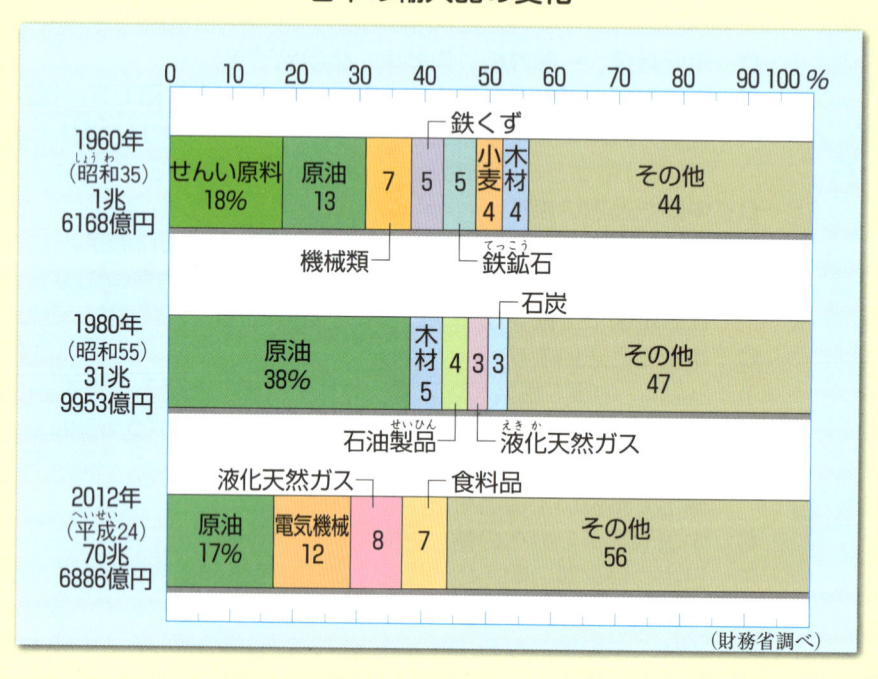

1960年（昭和35）1兆6168億円
- せんい原料 18%
- 原油 13
- 機械類 7
- 鉄くず 5
- 鉄鉱石 5
- 小麦 4
- 木材 4
- その他 44

1980年（昭和55）31兆9953億円
- 原油 38%
- 木材 5
- 石油製品 4
- 石炭 3
- 液化天然ガス 3
- その他 47

2012年（平成24）70兆6886億円
- 液化天然ガス
- 原油 17%
- 電気機械 12
- 食料品 8
- （7）
- その他 56

（財務省調べ）

　日本の輸入品はこの50年間で時代に応じて変化している。その様子をわかりやすく表したのが、このグラフである。

　各年度で割合の高い輸入品を見ていくと、1960年には当時盛んだった繊維工業の原料の割合が高い。この時代は輸入した原材料を加工し、工業製品として輸出する加工貿易が日本の特色だった。それが1980年になると、エネルギー資源である原油の割合が高くなっている。製品の原料としてだけではなく、暮らしや産業、運輸などで多くの石油が必要とされた。さらに現在では原油の他に、電気や機械類の工業製品の輸入も増えている。これはアジアの国々で工業化が進んだり、日本の会社が外国に工場を作ったりした結果である。日本の工業の変化がそのまま輸入品の変化に表れているといえる。

　これらのことを読み取るためには、3つのグラフを1つずつ提示し、割合の高いものをもとに特色を考えさせることが大切である。たとえば、1960年であれば繊維原料と原油は共に原材料であり、加工貿易が盛んだったことを押さえる。また、2012年には電気機械が多くなっているが、外国からの工業製品が多くなっている理由を考えさせたりする。その上で、3つのグラフの違いに注目させ、「原材料中心の輸入から、最近では多くの工業製品も輸入されている」というように輸入品の変化を簡潔にまとめさせたい。

# 授業展開例

「輸出・輸入③ 日本の輸入品の変化」

| グラフの状態 | 授業の展開 |
|---|---|

（事前に、日本の輸出品の傾向と相手国について押さえておく）

**ここでのポイント▶**「年別表示」で順に提示し、原油を中心とした日本の輸入品の特徴をとらえさせる。また各年代の輸入品の特徴を読み取り、その理由を考えさせる。

❶

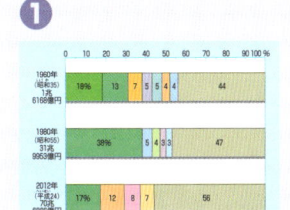

T：どの年代においても共通して上位を占めている輸入品は何ですか。❶
C：原油です。
T：原油が輸入品の上位にあるのはなぜですか。
C：日本では原油はとれないからです。
T：日本は原油や鉄鉱石といった天然資源に恵まれていません。そのほとんどを海外から輸入する必要があります。

**ここでのポイント▶**「年別表示」で1960年、1980年のグラフを提示する。

❷

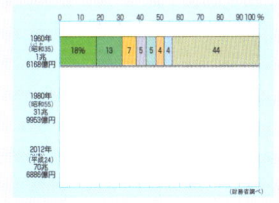

T：1960年は原油より多く輸入しているものは何ですか。❷
C：繊維原料です。
T：1960年頃の日本は、海外から原料を輸入し加工して、製品として輸出する貿易が盛んでした。
T：一方で、1980年のグラフのように、木材や石炭など日本でも得ることができる資源も海外から輸入しています。その理由を考えましょう。❸

❸

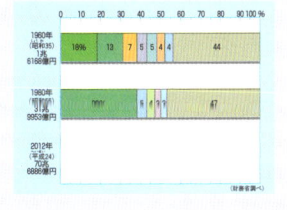

C：日本でとれる分だけでは足りないからだと思います。
C：石炭はもう掘っていないよね。
C：小麦や大豆などと同じように、外国から買ったほうが安いからかな。
T：かつては日本国内で採取していた木材や石炭も、安く手に入れることができる輸入品に取って代わるようになりました。

**ここでのポイント▶**「全体表示」で、近年の輸入品の傾向を読み取らせる。グラフと実物とを関連付けることで実感をもたせる。

❹

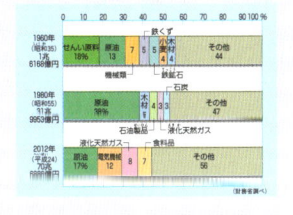

T：2012年の輸入品のうち、原油以外にどんなものが輸入されていますか。❹
C：電気機械や食料品が加わりました。
C：液化天然ガスの割合が1980年の3％から8％に増えました。
T：液化天然ガスは火力発電所などの燃料になります。食料品の輸入増加は、国内産よりも安く手に入るものがあるからです。
T：電気機械は2番目に多い割合です。テレビや冷蔵庫などの家電製品の他、ICなどの部品も含まれます。
T：教室のCDデッキは日本の会社の製品ですが、どこで生産されているのでしょう。
C：日本の会社だから日本国内じゃないかな。
C：メイドイン○○と書いてあるのを見たことがあるよ。
T：これは○○製でした。海外の工場で生産されたものを輸入しています。皆さんが今着ている服もほとんどが海外製です。1960年には日本でたくさん生産されていた衣類も、今ではその多くを海外の工場で生産されたものを輸入しています。
T：このように現在では多くの工業製品が輸入されているのです。

61

# 第2章　社会科重要資料の指導法 30選

## 24　輸出・輸入❹　日本の輸入品目別のおもな相手国

資料集「10 工業生産と貿易」

### 資料の読み解き

**日本の輸入品目別のおもな相手国**

原油：サウジアラビア 33%、アラブ首長国連邦 22、カタール 11、その他 34

液化天然ガス：カタール 19%、マレーシア 18、オーストラリア 17、その他 46

電気機械：中華人民共和国 47%、アメリカ合衆国 10、台湾 9、その他 34

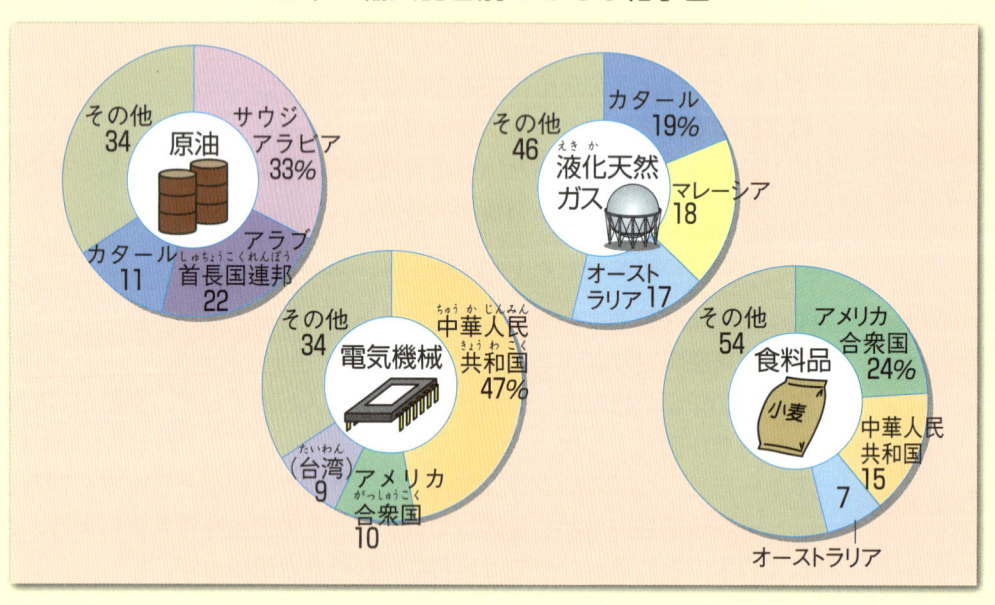

食料品：アメリカ合衆国 24%、中華人民共和国 15、オーストラリア 7、その他 54

（財務省調べ）

　原油、電気機械、液化天然ガス、食料品は日本の輸入品目で割合の高いものである。それぞれの品目の輸入相手国で主なものを表したのが、この4つの円グラフである。

　原油はサウジアラビアをはじめとする中東地域からの輸入が、圧倒的に多い。日本の原油の生産が少なく、ほとんどを外国に頼っているのが現状である。電気機械は全体の半分近くを中華人民共和国が占める。近年のアジアの工業発展は目覚ましく、中華人民共和国はその代表といえる。液化天然ガスはカタール・マレーシア・オーストラリアから、食料品もアメリカ合衆国・中華人民共和国と、それぞれ特定の地域ではなく世界各地から輸入されていることがわかる。全体で見ると、割合の高い品目は世界各地から輸入されているといえる。

　これらの4つのグラフを読み取るには、まずは1品目ずつ輸入割合の高い国を確認していく。その際、1つずつ国名を提示し、世界地図でその国の位置に印をつけていく。原油であれば、サウジアラビア・アラブ首長国連邦・カタールと中東に集まっていることがわかる。電気機械、液化天然ガス、食料品についても同様に国名とその位置の印を付けていき、中華人民共和国・アメリカ合衆国・オーストラリアというように輸入でつながりの深い国々を確認する。最終的に世界地図に4品目で印が付いた位置を示し、世界の広い国々から多くの輸入をしていることを読み取らせるようにしたい。

## 授業展開例

「輸出・輸入④　日本の輸入品目別のおもな相手国」

| グラフの状態 | 授業の展開 |
|---|---|
| ❶ ❷ ❸ ❹ ❺ | （事前に、最近の日本の輸入品目の上位4品目が「原油」「電気機械」「液化天然ガス」「食料品」であることを押さえておく）<br><br>T：日本はどんなものを多く輸入しましたか。❶<br>C：原油、電気機械、液化天然ガス、食料品です。<br>T：グラフを見ます。それぞれ、どの国からどれだけ輸入していますか。その国々は、どこにありますか。❷<br>C：原油は、サウジアラビア、アラブ首長国連邦、カタールの順に多く輸入しています。<br>C：3つの国で、全体の3分の2を占めています。<br>T：どこにあるか、地図帳で確かめて印を付けましょう。<br>C：3つの国は、隣り合っています。中東にあります。<br><br>**ここでのポイント▶**グラフに表示された国を、教室内に掲示した世界地図に印を付けて示し、位置を全員で確認する。<br><br>T：電気機械は、どの国からどれだけ輸入していますか。❸<br>C：中華人民共和国、アメリカ合衆国、台湾の順に多く輸入しています。<br>C：中国が全体の半分くらいを占めています。<br>T：液化天然ガスや食料品はどうですか。❹❺<br>C：液化天然ガスは、カタール、マレーシア、オーストラリアの順です。<br>C：食料品は、アメリカ合衆国、中華人民共和国、オーストラリアです。<br>C：食料品の3つの国は、他のグラフにも国名が出ています。<br><br>**ここでのポイント▶**4つの円グラフを1品目ずつ表示させ、その都度気付いたことを発表させる。<br><br>T：地図に付けた印を見てみましょう。日本の主な輸入品は、どこから輸入されているといえますか。<br>C：石油は、ほとんどを中東から輸入しています。<br>C：太平洋に面した国から、多く輸入しています。<br>C：全体的に見ると、日本は世界中の国々から様々な品目を輸入しています。<br>T：日本と輸入でつながりの深い国はどこですか。なぜ、そう思いましたか。円グラフを見比べて考えましょう。<br>C：中国です。電気機械の約半分を輸入しているし、食料品も輸入しているからです。<br>C：アメリカやオーストラリアも、2品目に国名が出ているから、つながりが深いと思います。<br>C：石油は、ほとんどを輸入に頼っているので、サウジアラビアも関係が深い国だと思います。<br><br>**ここでのポイント▶**複数の輸入品目を比べて見るよう促し、輸入で日本とつながりの深い国に目が向くようにする。<br><br>T：日本は、世界中の国々と輸入を通して深くつながっているとわかりました。次は、輸出額と輸入額の変化について調べましょう。 |

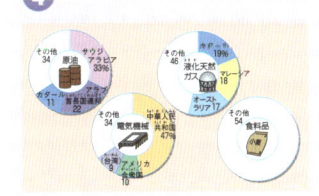

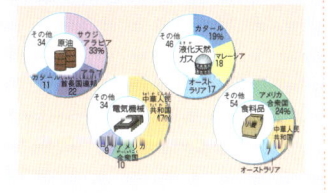

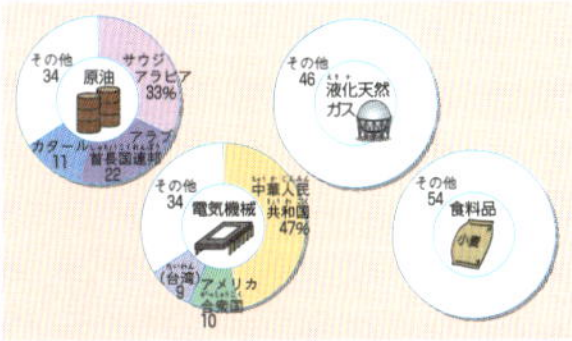

# 第2章 社会科重要資料の指導法 30選

## 25 国土・情報・環境❶
## 那覇市の平均気温と降水量

資料集 「5 あたたかい土地のくらし」

**資料の読み解き**

**那覇市の平均気温と降水量**
（1981〜2010年の平均）
（気象庁調べ)

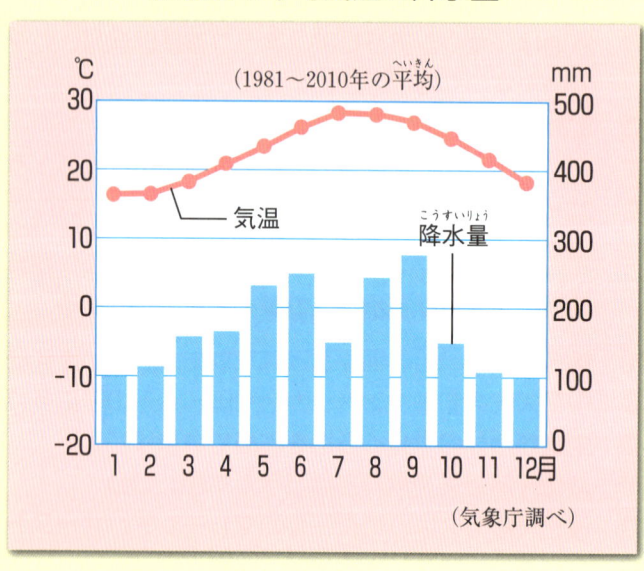

　このグラフは、「一年を通して暖かい」「台風のため降水量が多い」という沖縄の気候の特色を表すものである。月ごとの平均気温の変化と月ごとの降水量がわかりやすく示されている。

　まず気温に注目すると、一番高い月と一番低い月の差が10℃あまりしかない。真冬である1・2月でも平均気温が20℃近くあり、グラフ自体も緩やかな山の形のようになっていることから、沖縄では1年を通じて寒暖の差が少ないことがいえる。降水量は、5・6月と8・9月が他の月に比べて多くなっている。この時期は梅雨や台風による大雨が多いことを物語っている。また、平均気温と降水量の2つが同時に提示されていることで、月ごとの気候の特色を推測できる。たとえば「沖縄の冬は、気温が高くて雨も少なく暮らしやすい」というように考えることができる。

　以上のような読み取りをするために、まずは平均気温と降水量のそれぞれのグラフを1つずつ丁寧に扱っていく。平均気温であれば、縦軸の数値に注目させて平均気温の高さを実感させたり、年間通して変化が少ないことから何がいえるか考えさせたりする。降水量では多い月と少ない月がどこか把握させる。その際、1月から順に降水量を提示することで8・9月の多さを強調することができる。その上で、平均気温と降水量を見比べたことから推測できることを考えさせていくようにすると、より深い読み取りが可能となる。

# 授業展開例

「国土・情報・環境①　那覇市の平均気温と降水量」

| グラフの状態 | 授業の展開 |
|---|---|
| | （事前に、地図で那覇市の位置を確認し、写真などで町の様子を見ておく） |
| ❶ | T：タイトルを全員で読みましょう。❶ |
| | C：那覇市の平均気温と降水量です。 |
| | T：出典は何ですか。 |
| | C：気象庁です。 |
| | T：左の縦軸は何ですか。 |
| | C：気温です。 |
| | T：右の縦軸は何ですか。 |
| | C：降水量です。 |
| | T：横軸は何ですか。 |
| | C：月です。 |
| | T：このグラフは、西暦何年から何年までの平均ですか。 |
| | C：1981年から2010年の平均です。 |
| ❷ | T：1月から平均気温のグラフを見ていきましょう。❷ |
| | **ここでのポイント▶月ごとにグラフを表示して変化に気付かせる。** |
| | T：平均気温が一番高いのは何月ですか。 |
| | C：7月です。 |
| | T：平均気温が一番低いのは何月ですか。 |
| | C：1・2月です。 |
| | T：平均気温の最高と最低の気温差は、およそ何度くらいですか。 |
| | C：気温差はおよそ10度くらいです。 |
| | T：那覇市の平均気温の1年の変化は、一言で、どのようだといえますか。 |
| | C：いつも暖かい（暑い）です。 |
| | C：気温の変化が少ないといえます。 |
| | C：温度差が10度ぐらいだといえます。 |
| ❸ | T：1月から降水量のグラフについて読み取りましょう。❸ |
| | **ここでのポイント▶月ごとにグラフを表示する。前月より多いと思うか少ないと思うかを聞き予想させる。** |
| | （1月から12月の棒グラフが2つの山型になっていることを押さえる） |
| | T：6月に降水量が多いのはどうしてだと思いますか。教科書や資料集を使って調べましょう。 |
| | C：梅雨があるからです。 |
| ❹ | T：8・9月にかけて降水量が多くなるのはどうしてだと思いますか。教科書や資料集を使って調べましょう。 |
| | C：台風が多いからです。 |
| | T：那覇市の平均気温と降水量のグラフから、那覇市の気候はどのようだといえるのか、教科書や資料集を参考にしてまとめましょう。❹ |

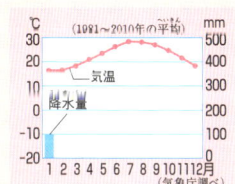

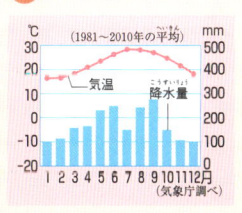

# 第2章　社会科重要資料の指導法 30選

## 26 国土・情報・環境❷
## インターネットのふきゅう率の変化

資料集「1 暮らしの中の情報」

### 資料の読み解き

**インターネットのふきゅう率の変化**

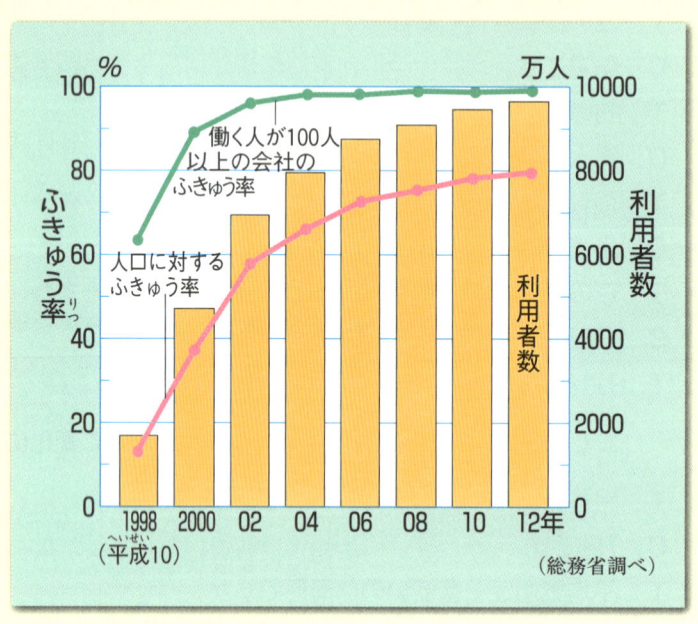

（総務省調べ）

現　代社会ではインターネットの普及で、必要な情報を迅速に受け取ったり、発信したりできるようになった。その普及の様子を2年おきの変化で示したのが、このグラフである。

　まず注目したいのは普及の速さである。人口に対する普及率も利用者数も、1998年からのわずか4年間で3倍以上になっている。棒グラフの伸びや折れ線グラフの傾きから、普及率の速さが理解できる。その後も一定割合で伸び続け、2012年現在では国民の8割、人口では1億人近くもの人々が、インターネットを利用している。この利用割合からインターネットがテレビや新聞と並ぶメディアになったことがいえる。また、100人以上の会社の普及率の速さから、会社でインターネットを利用した人々が個人の普及を後押ししたと推測される。

　このような内容を読み取らせるために、まずはインターネットの利用者数を年度ごとに提示していく。棒グラフの伸び具合や年数の短さから、子どもたちは普及の速さを実感するであろう。また、利用者数に人口に対する普及率の折れ線グラフを重ねることで、先の普及の速さを改めて確認させる。さらに、会社の普及率が2002年にすでに100%近くになっていることに着目させ、日本では会社での活用がインターネット普及の先駆けになったことを理解させると共に、会社にとっては欠かせないメディアであることに気付かせたい。

## 授業展開例

「国土・情報・環境② インターネットのふきゅう率の変化」

| グラフの状態 | 授業の展開 |
|---|---|

**ここでのポイント▶** インターネット利用者数を年別に表示させながら、急激に増加したこと、現在の利用者は約1億人であることなどに気付かせる。❶❷

T：グラフを見ます。1998年のインターネット利用者数はおよそ何人ですか。
C：2000万人よりも、ちょっと少ない人数です。
T：正確に言うと1694万人です。2年後の2000年はおよそ何人ですか。
C：5000万人よりも、ちょっと少ない人数です。
T：インターネット利用者の、変化の速さについて感想を言いましょう。
C：1998年からの4年間で急に増えているし、その後も年々増えているので、すごい速さで変化しているなと思います。

**ここでのポイント▶** 人口に対する普及率を重ねていき、普及率の変化を読み取らせる。

T：「人口に対する普及率」とは、日本国民全体でどれだけの割合の人が利用しているかを表す数字です。14年間で、何%から何%に増えていますか。❸
C：およそ10%から80%に増えています。
T：100人中の何人に普及している、という言い方で、14年間の変化を説明しましょう。そして、普及率の変化について感想を言いましょう。
C：1998年は100人中10人ぐらいにしか普及していませんでしたが、2012年には100人中80人ぐらいに普及しています。普及率はすごい速さで変化したと思います。

**ここでのポイント▶** 会社のインターネット普及率を重ね、人口に対する普及率と比較させる。❹

T：2002年の人口に対する普及率と会社の普及率を比べましょう。何がわかりますか。
C：人口に対する普及率はまだ60%ぐらいなのに、この年会社の普及率は100%に近づいています。
T：2002年には、もうほとんどの会社でインターネットが普及していたのですね。この線は、この後どうなると思いますか。
C：すぐに100%に近づいて、そのまま横に伸びていくと思います。
T：少しくらい減りますか？
C：減りません。どんどん100%に近付くと思います。
T：会社と一般家庭とでは、どちらの普及が速かったといえますか。❺
C：会社です。
T：日本のインターネットの普及は、会社への普及によって一層早まったのですね。
T：インターネットのように、人と人との間で情報のなかだちをするもののことを「メディア」と言います。会社では、インターネットというメディアを使って何をしているのだと思いますか。
C：電子メールを使って、世界中の人と素早く連絡を取り合っているのかな。
C：製品や原料の仕入れ・販売の情報を、相手とすぐに伝え合っていると思う。
C：ウェブサイトを見て、取引先の情報を集めていると思います。
T：インターネットは、世界中へすぐに情報が伝わるメディアです。会社にとって欠かせないものだと考えられますね。では次に、会社だけでなくいろいろな産業の中で、情報はどのように利用されているのか調べましょう。

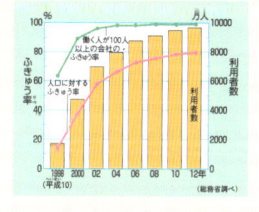

67

# 第2章 社会科重要資料の指導法 30選

## 27 国土・情報・環境❸
## おもな国の新聞発行部数

資料集「2 新聞社で働く人々」

### 資料の読み解き

**おもな国の新聞発行部数**

（2009年）※成人人口1000人あたりの日刊紙の発行部数
（上位5か国と日本）

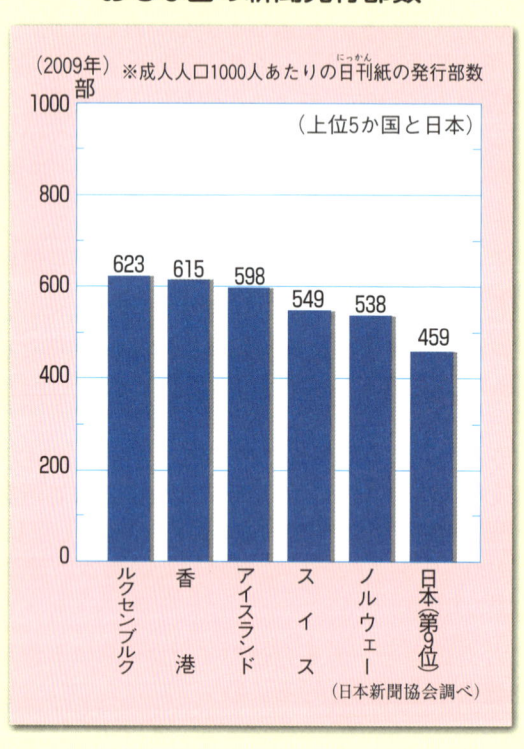

| 国 | 部数 |
|---|---|
| ルクセンブルク | 623 |
| 香港 | 615 |
| アイスランド | 598 |
| スイス | 549 |
| ノルウェー | 538 |
| 日本（第9位） | 459 |

（日本新聞協会調べ）

　このグラフは、日本で新聞が広く流通し、人々に情報を伝えるメディアとして重要な役割を果たしていることを表しているものである。

　上位5か国より少ないものの、日本は世界第9位の発行部数を誇っていることに、まずは注目したい。成人人口1000人当たりの459部であるから、成人人数の半分近くの部数が発行されていることになる。また、上位の特徴を見ると人口が少ない国々が多く、その点で日本が9位に入っているということは実際の発行部数が多いということである。これらから、日本はテレビやインターネットの普及度は高いものの、新聞というメディアが今も必要とされていることがいえる。

　このグラフを読み取らせるには、まずは注釈にある「成人人口1000人当たりの日刊紙の発行部数」と「上位5か国と日本」に着目させる。これを抜かすと「世界で一番発行部数が多いのはルクセンブルク」「日本は世界でも新聞発行が少ない方の国」という誤った読み取り方をする子も出てくる。その上で、「1000人当たり459部の新聞が発行されている」ことをとらえさせる。これは計算すると「おおよそ成人2人で1部」と置き換えることができ、子どもたちもその多さを実感できる。また、日本の成人人口が約1億人とすると、新聞の総発行部数も計算することができる。このような付加情報も読み取らせたいグラフである。

## 授業展開例

「国土・情報・環境③　おもな国の新聞発行部数」

| グラフの状態 | 授業の展開 |
|---|---|
| ❶ | **ここでのポイント**▶グラフを全て表示にして、標題、項目、注釈などにも着目させる。❶<br><br>T：「主な国の新聞発行部数」のグラフを見ます。（上部の注釈を指し示して）声に出して読みましょう。<br>C：上位5か国と日本です。<br>T：日本は6番目ではないのですね。第何位か、どこを見ればわかりますか。<br>C：世界第9位です。日本と書いてある下に説明があります。<br>T：（下部の注釈を指し示して）次に、ここも声に出して読みましょう。<br>C：成人人口1000人当たりの日刊紙の発行部数。 |
| ❷ | **ここでのポイント**▶日本のグラフだけを表示し、日本の発行部数の詳細に着目させる。❷<br><br>T：日本の新聞発行部数を、「成人人口1000人当たり」という言葉を使って説明しましょう。<br>C：成人人口1000人当たり459部発行されています。<br>T：これはおおよそ成人何人で1部といえますか。この発行部数は多いと思いますか。少ないと思いますか。<br>C：おおよそ成人2人で1部です。大人が4人いる家庭には2部ということになるので、多いと思います。 |
| ❸ | **ここでのポイント**▶6か国のグラフを1つずつ表示し、それぞれの国で成人人口1000人当たり何部発行されているかを確認する。<br><br>T：一番多いルクセンブルグの数字を、「成人人口1000人当たり」という言葉を使って説明しましょう。❸<br>C：成人人口1000人当たり623部発行されています。<br>T：2番目に多い香港の数字を、「成人人口1000人当たり」という言葉を使って説明しましょう。<br>C：成人人口1000人当たり615部発行されています。<br>T：実は、上位5か国は全て日本の人口の10分の1以下の国ばかりです。ですからこの中では、総発行部数は日本が一番多いのです。日本の成人人口が1億人だとしたら、1日の総発行部数は何部になるでしょう。計算しましょう。<br>C：日本はおよそ4590万部（459部×100000000人/1000）です。<br>T：日本の新聞発行総部数は、人口がおよそ3倍のアメリカ合衆国よりも多く、世界第3位です（出典：一般社団法人日本新聞協会調査データ「各国別日刊紙の発行部数、発行紙数、成人人口1000人当たり部数（2012年）」）。日本では、毎朝販売店から家庭へ新聞が配達される仕組みが、他国には例がないくらい発達しています。<br>T：たくさんの新聞が毎日発行されていることの良さは何だと思いますか。<br>C：世の中の出来事に関する情報を、人々に対して、正確に速く伝えることができる点だと思います。<br>C：新聞は、何度も繰り返し読み返すことができるので、テレビなどに比べてよりわかりやすい情報を伝えることができるところだと思います。<br>T：新聞というメディアは、人々に情報を伝える重要な役割を果たしています。では次に、日本の新聞発行部数の変化について調べましょう。 |

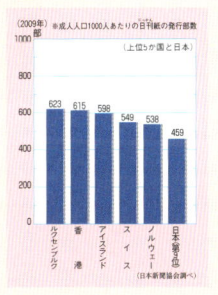

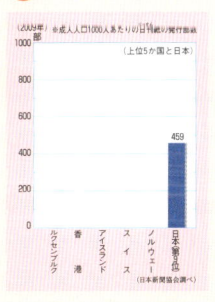

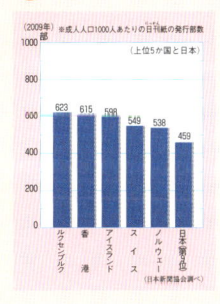

# 第2章 社会科重要資料の指導法 30選

## 28 国土・情報・環境❹ 日本の新聞発行部数の変化

資料集 「2 新聞社で働く人々」

### グラフの読み解き

**日本の新聞発行部数の変化**

| 年 | 発行部数(万部) |
|---|---|
| 1960(昭和35) | 2444 |
| 70 | 3630 |
| 80 | 4639 |
| 90(平成2) | 5191 |
| 2000 | 5371 |
| 10 | 4932 |
| 12年 | 4778 |

(日本新聞協会調べほか)

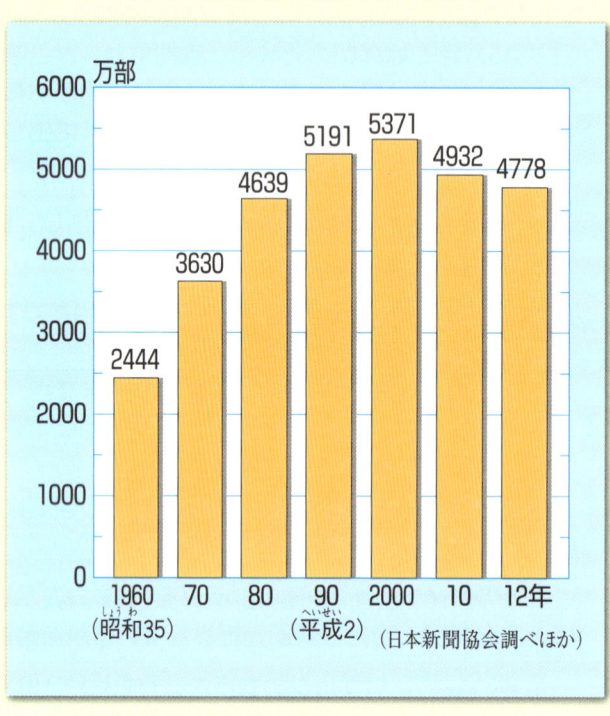

　このグラフは、ここ50年間の新聞の発行部数の変化を理解させるだけではなく、情報を伝えるメディア利用の変化も考えさせるものにもなっている。

　明治時代以来、日本のメディアの中心は新聞であった。それはテレビが登場した昭和時代においても変わらず、1960年から1990年までの30年間で新聞の発行部数は2倍以上に増えていることが、このグラフからわかる。成人人口の増加や運輸手段の発達がその理由として考えられるが、何よりも人々が新聞をテレビとは違った情報源として重視していたことが推測される。その新聞も2000年をピークとして発行部数は減っていく。これはインターネットの影響が大きい。ただ、情報の正確さや専門紙の内容といった点から、そのニーズはまだあり、その減り方は急激なものではない。

　グラフの読み取りでは、まずは基本となる発行部数の増減を丁寧に扱っていく。1960年から2000年まで棒グラフを1つずつ提示し、その増加ぶりを強調する。また、1960年の数値を1990年や2000年と比べて2倍以上増加していることに注目させ、その理由を考えさせる。その際テレビの普及についても触れるようにする。最後に、2000年以降の予想をさせ、減少している理由をインターネットと関連付けて考えさせる。以上のように、人々のメディア利用の移り変わりを考えさせることができるグラフである。

## 授業展開例

「国土・情報・環境④　日本の新聞発行部数の変化」

| グラフの状態 | 授業の展開 |
|---|---|
| ❶ | **ここでのポイント▶** 2000年まで年別に表示させながら、それぞれ何部か、10年間でおよそ何部増えたかを、丁寧に確認していく。❶❷ |

T：グラフを見ます。1960年の新聞発行部数は何部ですか。
C：2444万部です。
T：1970年の新聞発行部数は何部ですか。この10年間でどれだけ変化していますか。
C：3630万部で、10年間で1200万部ほど増えています。
T：**2000年の発行部数は1960年の発行部数をもとにすると、何倍以上に増加したといえますか。そのように増えた理由は何だと思いますか。**
C：2倍以上に増えています。理由は人口が増えたからではないかと思います。
T：1960年から2000年の間には、確かに人口が3000万人増えていますね。その他に2倍以上に増えた理由は考えられませんか。
C：運輸や交通網の発達によって全国に新聞を速く配達できるようになったので、新聞の販売量も増えて発行部数が伸びたのだと思います。
T：この40年の間に、メディアの中ではテレビも随分普及しました。テレビが普及して新聞を読まなくなった、ということはなかったのでしょうか。
C：テレビには、新聞よりも速く情報が伝わるなどの良さがあるけれど、新聞にも、より詳しく情報を伝えたり何度も読み返すことができたりする良さがあるので、新聞が読まれなくなることにはならなかったのだと思います。
C：新聞には「テレビ欄」があります。人々はどちらも見るのだと思います。

**ここでのポイント▶** 2000年の表示で止めたまま、その後の変化を予想させたり、減少した理由を考えさせたりする。

T：2000年以降、新聞の発行部数は増えたでしょうか。減ったでしょうか。
C：減ったと思います。
T：（棒グラフを全て表示させて❸）2000年から2012年の間に、発行部数はどのくらい減っていますか。
C：およそ600万部減っています。

**ここでのポイント▶** 全て表示させたあと、教科書・資料集の既習ページなどを参照させながら、インターネットの普及と関連付けて考えさせるようにする。

T：少しずつ減少してきていますね。この12年の間に発行部数が減った理由は何だと思いますか。
C：この期間に、インターネットが急速に普及しました。インターネット上には新聞社がニュースを発信しているページもあります。新聞を買わずにインターネットニュースから情報を得る人が増えたことと、関係があると思います。
T：**インターネットが新聞の代わりになるのであれば、発行部数はもっと大きく減少するはずです。減り方がゆるやかな理由は何だと思いますか。**
C：じっくり読めば正確に情報がわかるし、インターネットなどでは伝えられない詳しい情報も載っています。新聞が必要な人は多くいるのだと思います。
T：メディアにはそれぞれ特性があります。そして、新しい技術が発達してくると、人々が利用するメディアにも変化が生じるものなのですね。今後、インターネットもまた別のメディアに変わっていくのかもしれません。

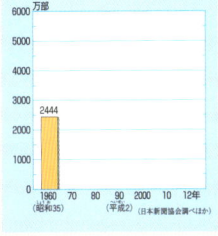

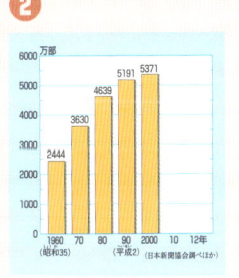

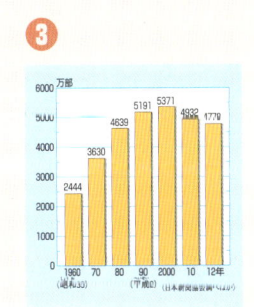

# 第2章 社会科重要資料の指導法 30選

## 29 国土・情報・環境❺ 国産材と輸入材の消費量の変化

資料集 「1 森林のはたらき」

### 資料の読み解き

**国産材と輸入材の消費量の変化**

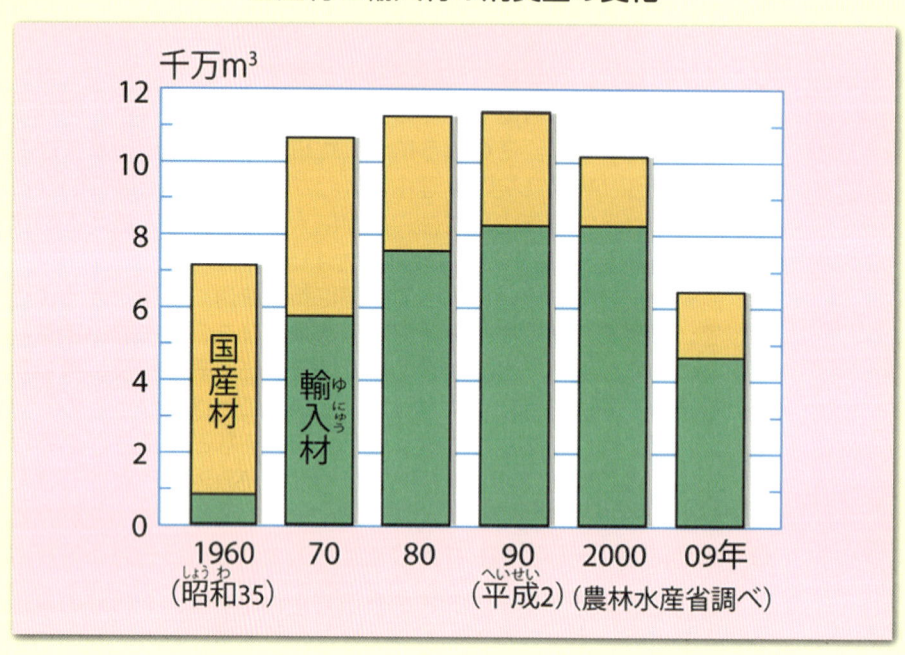

（千万m³、1960（昭和35）～09年、農林水産省調べ）

　これは、国産材の消費が減少し、輸入材の消費が増えていることを示すグラフである。小学校学習指導要領では林業そのものの学習はなく、「国土の保全のため ～中略～ 森林資源の育成や保護に従事している人々の工夫や努力などを取り上げる」ことになっている。国産材の消費減は、林業従事者の減少につながり、それが、国土の保全にも影響していることを学ばせたい。

　まず、全体としての消費量の推移を見ると、1960年から1990年にかけて木材消費量が伸びていることがわかる。これは、経済拡大と住宅着工戸数増などの関連がある。1990年頃からの景気低迷に伴い、木材消費は減少に向う。その間、輸入材の割合は、どんどん高まってきた。国産材は不足し、輸入材は安価で安定供給可能であったからである。これにより、国内の林業はどんどん衰退した。現在、戦後大量に植林した国内の杉などが成長し伐採期を迎えているが、それに携わる人手がないため、森林の荒廃が進み、災害が増えることが心配されている。

　以上のような読み取りをするために、国産材の10年ごとの消費量を順次提示したい。どんどん減少していることがわかるであろう。次に、不足を補うものが何か考えさせ、輸入材の増加を10年ごとに示したい。木材全体の消費量の増加、減少については、教師の補説によって補いたい。また、国産材の減少が林業の衰退につながり、国土保全の課題となっていることは、教科書などとあわせて教師が確実に教えたい。

# 授業展開例

「国土・情報・環境⑤ 国産材と輸入材の消費量の変化」

| グラフの状態 | 授業の展開 |
|---|---|
| | （事前に森林を守ることの大切さを押さえ、林業に対する関心を高めておく） |

**ここでのポイント▶** グラフは、1960年の消費量を表示し、その後、1970年以降を予想させると共に、全体が増加している間も国産材が減少していることをとらえさせる。

❶ 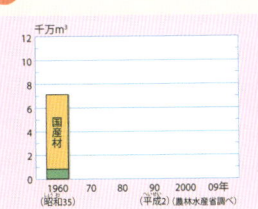
T：グラフを見ます。1960年の国産材と輸入材の消費量です。消費量は、どれだけですか。❶
C：だいたい、7000万m³です。
T：1970年頃から、日本は豊かになり家を建てる人が増えていきます。この後消費量全体は、どのように変化していくと考えられますか。
C：増えていくと思います。
T：（消費量全体を順に表示し）どんなことがわかりますか。❷
C：全体の消費量は1960年から1990年にかけて増加しています。
C：2000年から2009年では急に減少しています。
C：国産材は年々減少し、輸入材は1970年に急に増加しています。
T：2000年から2009年は、景気が悪くなり、日本全体が豊かではなくなりました。そのため、家を建てる人も減り、消費量全体は減りました。

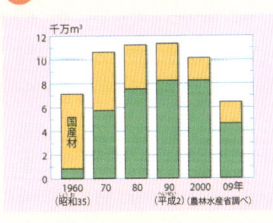

**ここでのポイント▶** グラフは、再び1960年の消費量を表示し、全体に占める国産材と輸入材の割合をとらえさせる。その後、輸入材の割合と国産材の割合が逆転していくことと、その理由を考えさせる。

T：今度は、国産材と輸入材の消費量を詳しく比べてみます。
T：（1960年の輸入材の消費量を表示し）グラフを見ます。1960年の国産材と輸入材の消費量はどれだけですか。❸
C：国産材は6000万m³、輸入材は1000万m³です。
T：国産材と比べると、その量はどうですか。
C：6分の1となり、少ないです。
T：（1970年の輸入材の消費量を示し）輸入材の消費量はどうなっていますか。❹
C：国産材よりも多くなっています。（1970年に急激に増加している。）
T：（1980年以降を順に示し）1970年から輸入材の割合が多くなっている理由を考えてみましょう。❺ 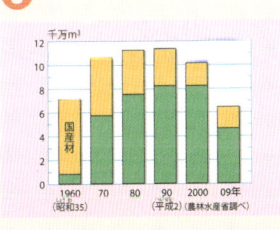
C：家を建てる人が増えて、国産材が不足したからだと思います。
C：輸入材の方が安いからだと思います。
T：日本では、1970年頃から、木材が不足し、安く大量に買うことができる輸入材を利用するようになりました。
T：2000年以降、景気が悪くなり木材の消費量も減りましたが、輸入材の方が多いです。なぜだと考えられますか。
C：輸入材の方が、安いからです。
C：国産材が少ないから（国内で生産されなくなったから）だと思います。
C：輸入材の品質がいいからかな。
T：輸入材は、安定的に大量に買うことができるようになりました。国内では、林業に従事する人が減少し、質の良いものをたくさん生産することができなくなってしまいました。それで現在も輸入材に頼る必要があります。
T：この後は、国産材を生産できなくなった林業が抱える課題について考えてみたいと思います。

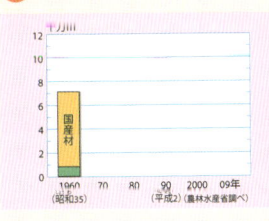

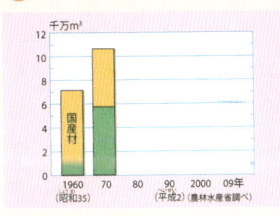

73

第2章 社会科重要資料の指導法 30選

## 30 国土・情報・環境❻ 林業で働く人の数の変化

資料集「1 森林のはたらき」

**資料の読み解き**

**林業で働く人の数の変化**

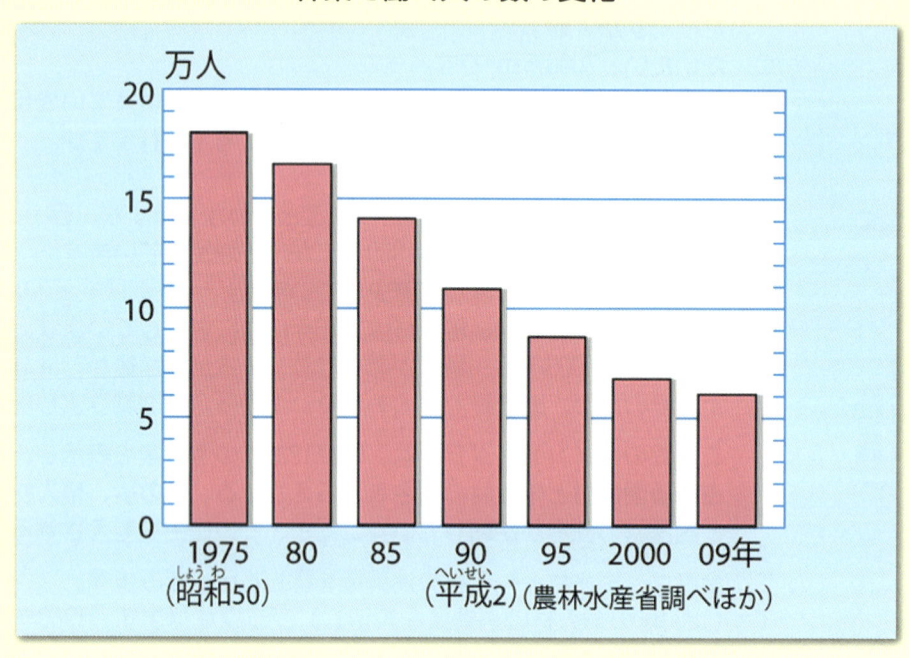

(グラフ：1975年 約18万人、80年 約17万人、85年 約14万人、90年 約11万人、95年 約9万人、2000年 約7万人、09年 約6万人)(農林水産省調べほか)

　このグラフは、林業で働く人たちの数が年々減り続けていることを示している。これは合理化によって減ったものではない。安価な輸入材の増加により、国産材の価格は落ち続け、林業経営では収益が十分に確保されないため、新規の就業者は著しく減少した。そのため、就業者の高齢化が進むと共に、全体人数が減ったのである。我が国の林業の根本問題を理解する上で重要なグラフといえる。

　グラフを見ると、1975年には林業で働く人の数は約18万人であったが、年々減り続け2009年には約6万人となっていることがわかる。つまり34年間で約3分の1に減ったことになる。別の資料によれば、その間高齢者の割合は7%程度から26%程度へと4倍近くになっている。

　このグラフからは、林業で働く人が年々減り続けていること、そして、2009年には1975年に比べ約3分の1になったことをしっかり読み取らせたい。その上で、日本の森林は国土の約3分の2、そのうち約4割に当たる約1000万ヘクタールが人工林であること、また人工林は、「木の畑」ともいわれ、下草刈り、間伐、枝打ちなど、人の手入れが欠かせないこと、それをこの6万人で行っていることなどを教師はわかりやすく説明したい。たとえば、林業で働く人1人当たりが手入れする人工林の面積を計算させ、学校の敷地面積や東京ドームの面積（4.7ha）と比較させることで、より実感の伴う深い読み取りとなるだろう。

## 授業展開例

「国土・情報・環境⑥　林業で働く人の数の変化」

| グラフの状態 | 授業の展開 |
|---|---|

(事前に森林を守っていくことが大切であることを押さえる)

**ここでのポイント▶** 1975年を提示し、その後を予想させながら林業で働く人の数が年々減り続けていることや、今では3分の1程度に減っていることをとらえさせる。また教師の説明により、既習内容や高齢者の割合についてもふれ、林業のもつ課題を理解させる。

T：グラフを見ます。1975年に林業で働く人の数です。働く人の数は、どれだけですか。
C：だいたい18万人です。
T：1960年から1990年まで木材の消費量は増えていましたが、この後、林業で働く人の数は、どのように変化していくと考えられますか。❶
C：増えていき、1990年頃から減ると思います。
C：国産材の消費量が減っていたので、減っていると思います。
T：(5年ごとに順に表示し) どんなことがわかりますか。❷
C：年々、減少しているね。
T：減り方が一番大きいところは、何年から何年ですか。
C：1985年から1990年です。
T：減り方が一番小さいところは、何年から何年ですか。
C：2000年から2009年です。(間隔が9年であることに留意)
T：1975年から2009年までに、働く人の数はどのくらい減っていますか。
C：およそ12万人減っています
C：3分の1になっています。
T：輸入材の消費量が増えたため、国産材は売れず、林業で働く人の収入が減りました。そのため、林業で働く人はどんどん減りました。また、1975年頃は働く人も多く若い人もたくさんいましたが、現在は若い人が減り、働く人の5～6人に1人は高齢者となっています。

**ここでのポイント▶** 1975年から提示しながら林業で働く1人当たりの仕事量を予想させ、グラフから読み取った数値の計算により比較し、就労者減少や高齢化の問題を実感的にとらえさせる。

T：1年間の1人当たりの仕事量を考えてみます。人工林の広さは、およそ1000万ヘクタール、東京ドーム210万個分です。1人当たりの人工林の広さはどのくらいになりますか、計算してみましょう。
T：1975年の1人当たりの人工林の広さを計算します。1975年の働く人の数は18万人です。❸
C：210万÷18万＝約12で、1人当たり、東京ドーム12個分になります。
T：1か月では何個分になりますか。
C：およそ1個分 (4.7ha) になります。
T：では、次に、2009年の1人当たりの人工林の広さを計算します。❹
C：210万÷6万＝約35で、1人当たり、東京ドーム35個分になります。
T：1か月では何個分になりますか。
C：およそ3個分 (1975年の3倍) になります。
T：2009年は、働く人が減り、5～6人に1人が高齢者です。これから日本の森林を守っていくためには、林業で働く若者を増やしていく必要があります。また、日本全体で森林を守ることに取り組んでいく必要があります。

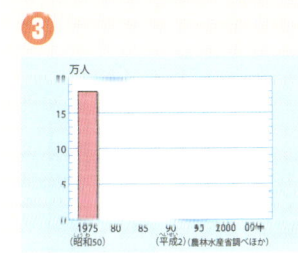

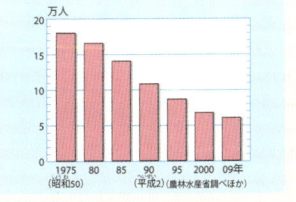

# 第3章 ICTを活用した資料提示のコツ

## 1. 授業でのICT活用は資料の拡大提示から

　現在、授業で最も行われているICT活用は、教員による教科書などの「拡大提示」である（高橋ら 2009）。さらに具体的にいえば、教科書の中でも、写真、図やグラフといった本書で扱うような資料が最も多く拡大提示されている（図1）。

　拡大提示は「映す内容」と「大きく映す機器」の組み合わせで行われる（図2）。この際、電子黒板といった大きく映す機器も大事であるが、より重要なのは画面に映す内容である。これは、テレビに例えるとわかりやすい。受信機器であるテレビが、4Kで高画質であるとか、録画ができて多機能であるといったことも大事であるが、やはり、面白い映画が観られるとか、最新のニュースが見られるといった映される内容によって、テレビが楽しく有意義なものになる、映す内容の方がより重要なのである。本書でも映す内容を扱っている理由はここにある。

　このようなICT活用は、現在では様々な学校で行われているが、富山市を例にあげたい。図3は、富山市の全ての小学校においてICTが活用された年間の総授業時間数を表したものである。市内には65校の小学校があり、約1200名の教員が勤務している。年々ICTを活用した授業時間数は増えており、平成25年度は約18万時間の活用が行われている。この結果から、富山市では、既に多くの教員が日常的にICTを活用していると考えられるだろう。ICT活用が普及した理由には、資料などの拡大提示をICT活用の中心に据え、そのためのICT機器を常設し、教員研修を行ったことがあげられる。そして多くの教員が、こういったICT活用が、準備にかかる手間よりも得られる効果が大きいと感じているからといえる。単に教科書や資料集の内容を口頭で説明するよりも、グラフを大きく映し、子どもの視線を集中させ、「ココを見て」とか、「ココを比べて」と話した方が格段によく伝わる。板書や掛図の効果と似ている。

　富山市の例のような持続可能性の高いICT活用とは、「効果的」「簡単」の重なりにある（図4）。効果的なだけでは持続しない。そして、「効果的」とは、学力向上といった最終的な成果のことばかりを指すのではない。教員の説明がわかりやすくなるとか、子どもが集中するといったこと

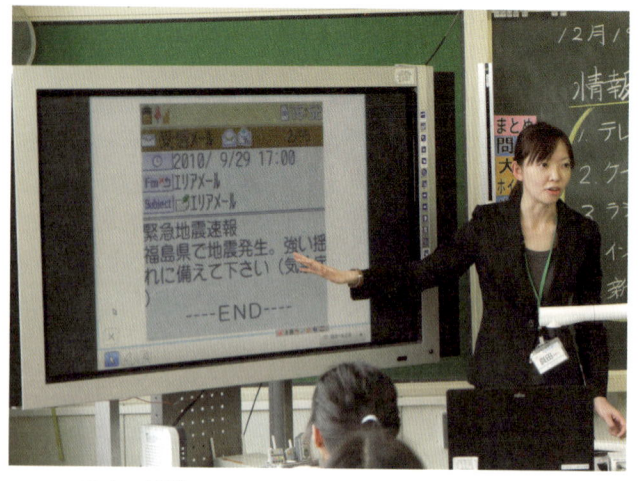

図1　授業でのICT活用は、資料の拡大提示から

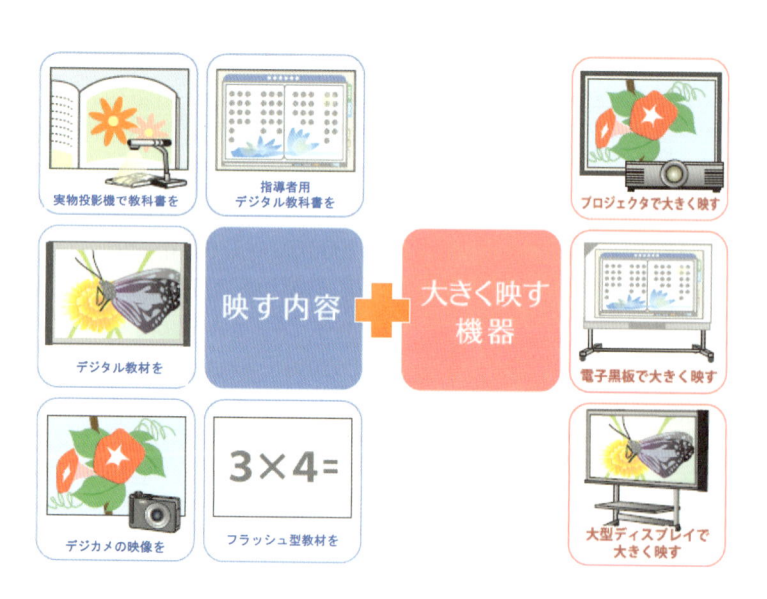

図2　拡大提示は「映す内容」と「大きく映す機器」の組み合わせ

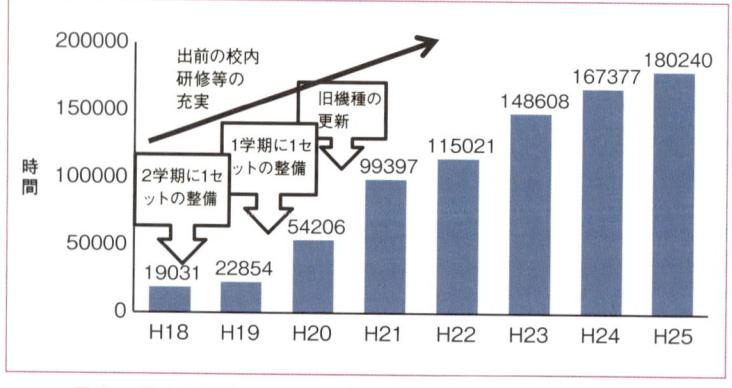

図3　富山市におけるICTが活用された年間の総授業時間数

も効果である。また「簡単」とは、操作が簡単といったことだけではない。機器が教室に常設されているとか、教材作成や準備の手間が少ないとか、授業に簡単に組み込めるとか、そういったことも含めた簡単さである。

本書が提案しているICTによる資料の拡大提示は、最も効果的で簡単な方法であり、各地で日常化している方法である。それでもわずかに残る教材作成の手間、授業に簡単に組み込みにくいこともあるといった問題点を、ベテラン教員がノウハウを注ぎ込むことで解決を試みている。多くの教員の皆様に、最初に取り組んでほしいICT活用である。また、このように敷居の低いICT活用であるが、板書や掛図のような効果が得られることから、持続可能性が高く、さらに時代が進みタブレットPCの活用が当たり前になっても、ずっと必要とされる方法なのである。

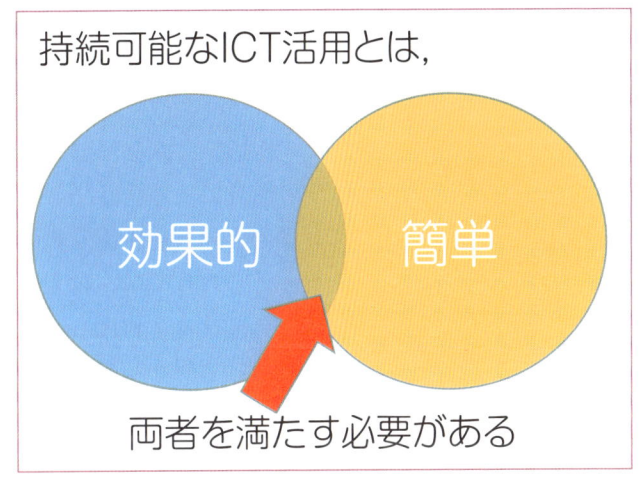

図4　持続可能性の高いICT活用のポイント

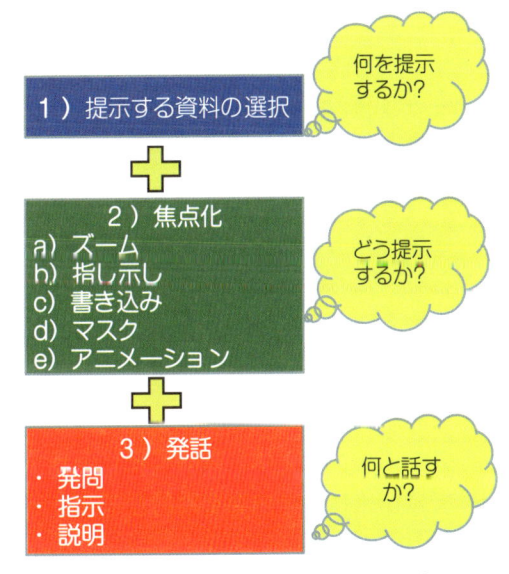

## 2．資料を拡大提示する際の3つのポイント

教員が資料を拡大提示して学習指導する際は、先にも述べた映す内容、つまり、1)拡大提示する資料の選択が重要となる。しかし、どんなに素晴らしい資料であっても、拡大提示しさえすれば子どもが学習する訳ではない。加えて、2)どのように拡大提示するか（焦点化）、3)何と教師が話すか（発話）、についても適切な検討を行い、それらを組み合わせて指導を行うことがポイントとなる（図5）。これら3つが、教員による資料の拡大提示を学習指導として成立させるためのポイントになる。次に各ポイントの詳細について述べる。

### 1) 提示する資料の選択

拡大提示する資料としては、学習のねらいに基づいた中心的な資料、教員が口頭だけでは説明しにくいと感じている資料、子どもがつまずきやすい学習内容に関する資料などが選択されることが多い。さらに具体的には、本書に示されている指導のポイントや授業展開例の記述が大きなヒントになるだろう。

### 2) 焦点化

どのように拡大提示するか、つまり、焦点化の手法は、a)ズーム、b)指し示し、c)書き込み、d)マスク、e)アニメーションの5つに分けられる（高橋ら 2012）。多くの場合で、この5つのいずれかの方法を、単独或いは組み合わせて提示の工夫をすることが多い。

a)のズームの最も基本的な方法は、学習指導に関係する箇所だけをズームし、不要な部分を提示しないことである（図6）。本書での事例は、そもそも不要な部分が拡大提示されないよ

図5　資料を拡大提示する際の3つのポイント

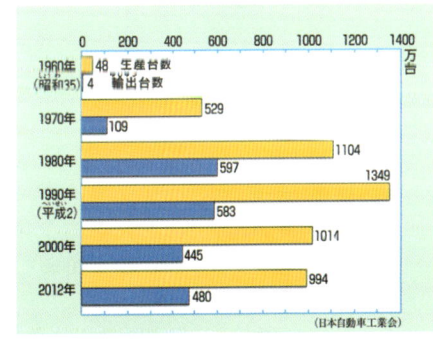

図6　ズームして不要部分を提示しない

77

# 第3章　ICTを活用した資料提示のコツ

う工夫が施されている。加えて、学習指導上の意図をもって、ある一部分だけをズームして提示することで、気付きを促したり、見えていない部分を想像させたりする方法にも使われる。

b)の指し示しは、教員が、指や指し棒などで、資料を指し示す方法である(図7)。教員による発話に合わせて、丁寧に指し示すことで、子どもの視線をより集中させることができる。資料を提示するだけでは、教えたつもり、わかったつもりになりがちである。何度も同じ資料を提示している教員によっては、資料から読み取らせるべきところが瞬時に目に入ってしまうことで説明した気になり、知らず知らずに指導が簡略化してしまうこともある。そのようなことを防止するために、毎回、丁寧に指し示すことを心がける教員もいる。

図7　丁寧に指し示す

c)の書き込みは、資料の上に、書き込みを行うことである。電子黒板を利用している場合はペン機能を用いたり、プロジェクタを黒板やマグネットスクリーンに投影している場合はチョークやホワイトボードマーカーで書き込んだり、パソコンの機能を用いて書き込んだりもできる。この実現の方法は様々であるが、効果は大きく変わらない。教員による発話や子どもの発言に合わせて、そのポイントを書き込んでいくことが重要である。

d)のマスクは、資料の一部分を隠すことである(図9)。たとえば、教科書の太字部分だけを、付箋紙で隠し、めくっていくような方法である。グラフの凡例、表の数値などの重要部分をあえて隠し、隠していることも明示されることで、より注目させる方法である。デジタル教科書などのデジタルコンテンツによっては、あらかじめ重要部分がマスクされているものもある。

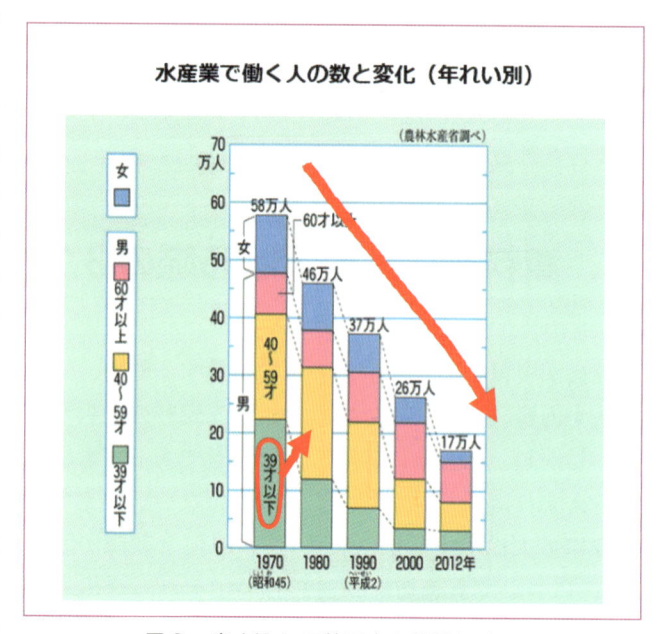

図8　書き込んで着目点を明確にする

また、教員が、パソコンや電子黒板の機能などを用いてマスクを行うこともよく行われている。

e)のアニメーションは、動的に変化の様子を見せたり、徐々にグラフデータを見せたりする方法である。静止画だけでは伝えにくい内容を動的なアニメーションで見せることは、理解を促すために有効な方法である。一方

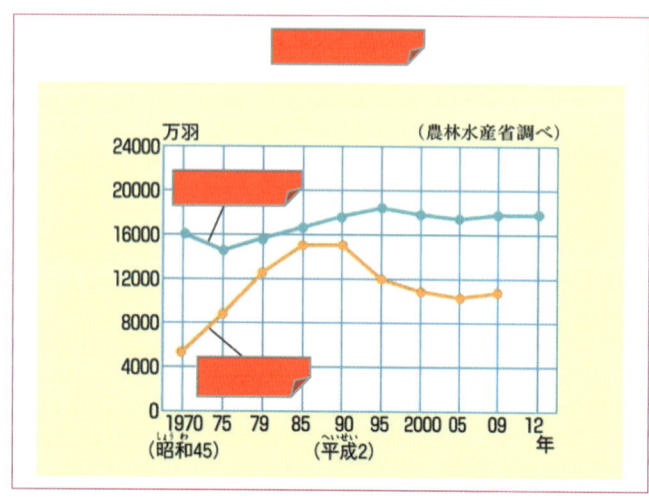

図9　重要部分をマスクする

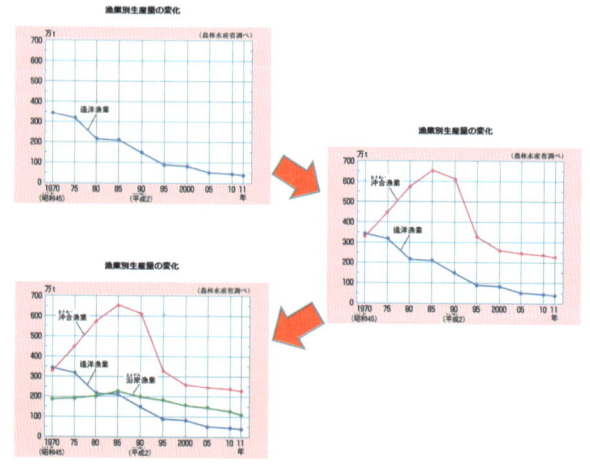

図10　少しずつ提示する

で、動画といった自動的に進んでいく表現だけではなく、教員の操作によって、任意のグラフの棒のひとつひとつが提示されていくといった方法もある（図10）。これまでの掛図と異なって、子どもの実態に合わせて臨機応変に提示できたり、授業展開や教師の指導スタイルに合わせて提示できたりするメリットがある。本書では、特にこの表現方法が多用されており、こういったメリットが活かされることが期待されている。

### 3）教員の発話

　発問、指示、説明といった教員による発話を、より豊かで確実なものにするために、資料の拡大提示があるといえる。つまり、主は教員の発話であり、それを支えるものとして資料の拡大提示がある。たとえば、自動車生産台数の変化について、近年、急激に中国が増えたことを伝えるには、教員による発話だけでも伝えることはできる。しかし、他国に比べて急激に増加しているグラフを提示しながら説明を行えば、子どもはより理解がしやすくなる。さらに、焦点化の手法を用い、一度に全ての国のデータを見せるのではなく、教員による発問に合わせて徐々にデータを提示していく方がより考えも深まる。このように教員の発話を助けるのが資料の提示であると考えると、授業のあらゆる場面に組み込みやすくなる。

## 3．資料の拡大提示の考え方

### 1）資料を絞り込んで提示する

　豊富に資料があった方が、子どもの思考が深まるという意見もあるが、特に初めて習う内容であれば、その逆となるケースも多い。資料の量が多ければ、それぞれの資料を理解するだけで多くの時間を費やすことになる。結果、深く考えるに至らなくなることも多い。したがって、初学者には、これだけは絶対に欠かせない良質の資料だけを、さらに、その一部分に絞り込んで拡大提示することで、短い時間で内容理解を促すことができる。そして、内容理解が進めば、それに基づいて考えを深めやすくなる。

　これらが、先に述べた「提示する資料の選択」や「焦点化」が重要となる理由の1つになる。本書には、これだけは絶対欠かせない良質の資料だけが掲載されており、さらに、その一部分に絞って提示する手法が、授業展開と共に具体的に示されている。この考え方に基づいて、本書を改めて読み直していただくと、資料の拡大提示の奥深さを感じていただけると思う。

### 2）資料提示による浅いわかりから、深いわかりにつなげていく

　「わかる」のレベルを、「浅い」と「深い」に区別して考えるならば、資料の拡大提示は浅いわかりの段階に特に効くと考えられる。たとえば、「米作りの作業時間別労働時間の変化」のグラフを見てわかった気になったとしても、浅いわかりの段階に過ぎない。

　本質的な深いわかりに誘うためには、その理由を自ら考えたり、農家に直接尋ねてみたり、友人の理由と比較したり説明し合ったりといったことが必要である。さらに、この段階で、再び同じ資料を読解してみれば、最初の段階とは比べものにならないほど、多くのことに気付けるようになっている違いない。場合によっては、新たな疑問も生まれ、別の似た資料を欲することになるかもしれない。このように、様々な活動をしつつも少しずつ重なりのある学習を繰り返していくことで、深いわかりが得られるのである。

　つまり、深いわかりを得る段階では、資料の拡大提示を超えた学習活動となる。残念ながら、現時点でICTを用いた資料の拡大提示そのものに、こういった学習活動までを保証する仕組みは実装できていない。将来ICT技術が大きく進展しても、深いわかりを得るためには、直接体験や言語活動が必要とされることだろう。

　したがって、資料の拡大提示が効く学習場面を割り切ることが必要となる。最初の浅いわかりは、子どもの学習の動機付けにも重要である。最初がわからなければ、深いわかりにも到達できない。この部分に資料の拡大提示は、特に効果的であると割り切ることも重要である。

【参考文献】
髙橋純・堀田龍也（2009）すべての子どもがわかる授業づくり，高陵社書店
髙橋純・安念美香・堀田龍也（2012），教員がICTで教材等の拡大提示を行う際の焦点化の種類，日本教育工学会論文誌，Vol.35 Suppl., pp.65-68

【監修者紹介】

**堀田 龍也** ほりた たつや　　東北大学大学院情報科学研究科・教授

1964年生まれ。東京学芸大学教育学部卒業、東京工業大学大学院社会理工学研究科修了。博士(工学)。東京公立小学校・教諭、富山大学教育学部・助教授、静岡大学情報学部・助教授、独立行政法人メディア教育開発センター・准教授、玉川大学教職大学院・教授、文部科学省・参与などを経て現職。

日本教育工学協会会長、2011年文部科学大臣表彰(情報化促進部門)。専門は教育工学、情報教育。内閣官房「教育再生実行会議第一分科会」有識者、中央教育審議会初等中等教育分科会教育課程部会「道徳教育専門部会」委員、文部科学省「先導的な教育体制構築事業」推進協議会座長、同「情報活用能力調査に関する協力者会議」委員、同「教育研究開発企画評価会議」協力者等を歴任。

著書に「ベテラン先生直伝 漢字ドリル/計算ドリル/ワークテストの活用法」(教育同人社)、「管理職のための『教育情報化』対応ガイド」(教育開発研究所)、「すべての子どもがわかる授業づくり―教室でICTを使おう」(高陵社書店)、「フラッシュ型教材のススメ」(旺文社)など多数。

【編著者紹介】(書籍全体の編集、第1章・第2章「グラフの読み解き」の執筆)

**新保 元康** しんぼ もとやす　　札幌市立幌西小学校・校長

1958年生まれ。北海道教育大学札幌校卒業。札幌市立小学校・教諭、北海道教育大学附属札幌小学校・教諭を経て現職。

北海道社会科教育連盟副委員長として社会科の授業改善について研究するとともに、WEBサイト「北海道『雪』たんけん館」創設運営に関わるなど総合的な学習の研究も行ってきた。近年はICTを活用した学校経営の研究に取り組んでいる。

共著に、「北国発 発想を生かす社会科学習」「未来を拓くプラス思考～発想の転換を迫る社会科学習～」以上明治図書刊『総合』時代の社会科学習」(北海教育評論社刊)「校務の情報化入門」(教育開発研究所刊)など。

**佐藤 正寿** さとう まさとし　　岩手県奥州市立常盤小学校・副校長

1962年生まれ。秋田大学教育学部卒業。岩手県公立小学校・教諭を経て現職。

「地域と日本のよさを伝える授業」をメインテーマに、社会科を中心とした教材開発・授業づくりに取り組んでいる。また、全国各地の研修会で「わかる社会科」の指導法を積極的に公開している。

著書に「スペシャリスト直伝!社会科授業成功の極意」「これだけははずせない!小学校社会科単元別『キー発問』アイディア」(以上、明治図書)「教師の力はトータルバランスで考える」(さくら社)など多数。

【執筆協力者】(順不同)

| | |
|---|---|
| 高橋　純 | 富山大学人間発達科学部人間環境システム学科・准教授(第3章) |
| 割石隆浩 | 北海道札幌市立新琴似緑小学校・教諭 |
| 近江辰仁 | 北海道函館市立石崎小学校・教頭 |
| 古内祐介 | 北海道帯広市立花園小学校・教諭 |
| 皆川　寛 | 宮城県登米市立登米小学校・教諭 |
| 笹原克彦 | 富山県富山市立新庄北小学校・教諭 |
| 堀　泰洋 | 富山県富山市立神通碧小学校・教諭 |
| 中山　均 | 富山県高岡市立国吉小学校・教諭 |
| 宮﨑　靖 | 富山県砺波市立砺波東部小学校・教諭 |
| 高橋伸明 | 岡山県笠岡市教育委員会学校教育課・参事 |
| 影山知美 | 岡山県津山市立一宮小学校・指導教諭 |

【資料提供】

チエル株式会社

---

社会科の達人が推薦する
**社会科重要資料の指導法30選　5年生**
ISBN978-4-87384-170-0

2015年3月1日　初版発行

監　修　堀田 龍也
共　著　新保 元康　　佐藤 正寿
発行者　森 達也
発行所　株式会社 **教育同人社**　www.djn.co.jp
　　　　170-0013 東京都豊島区東池袋4-21-1
　　　　アウルタワー 2F
　　　　TEL 03-3971-5151
　　　　webmaster@djn.co.jp
印刷所　図書印刷株式会社